AF533702

Stromfrei Kochbuch

Die leckersten Rezepte zum einfachen Kochen ohne Strom ob im Notfall oder beim Camping

Felix Dahlmann

Alle Ratschläge in diesem Buch wurden vom Autor und vom Verlag sorgfältig erwogen und geprüft. Eine Garantie kann dennoch nicht übernommen werden. Eine Haftung des Autors beziehungsweise des Verlags für jegliche Personen-, Sach- und Vermögensschäden ist daher ausgeschlossen.

Email: info@edition-lunerion.de
www.edition-lunerion.de

Psiana eCom UG
Berumer Str. 44
26844 Jemgum

Vorwort

Stromsparen ist derzeit das Gebot der Stunde und während das bei Heizung, Licht & Co. unkompliziert ist, stoßen beim Kochen viele an ihre Grenzen: Denn ohne laufenden Herd geht's eben nicht – oder etwa doch? Tatsächlich gibt es eine Vielzahl an kreativen Kochalternativen und leckeren Rezepten, die mit wenig oder keinem Strom auskommen, und diese präsentiert Ihnen dieses einfallsreiche Rezeptbuch.

Horrende Stromrechnung, drohende Blackouts und CO_2-intensive Kohleverstromung: Es gibt drängende Gründe, weshalb hierzulande viele Menschen so viel Strom sparen, wie es nur geht, und überraschenderweise geht da auch in der Küche mehr als gedacht. Denn abwechslungsreich, superlecker und gesund kochen geht auch mit reduzierter Energie, denn statt E-Herd helfen z. B. Dutch Oven, Hobokocher, Kochkiste oder sogar die Bettdecke weiter. Auch kalte Küche kann überraschend vielseitig sein und für die verschiedenen Optionen finden Sie hier vielfältige Rezeptideen, bei denen Veggies, Fleisch- und Fischfans und auch Naschkatzen voll auf ihre Kosten kommen. Vom Frühstück über Suppen und Snacks bis hin zu herzhaften Hauptgerichten und verführerischen Desserts können Sie sich ab sofort auch ganz einfach energieeffizient verwöhnen und dabei jeden Tag neue Köstlichkeiten entdecken!

Guten Appetit!

INHALT

Hauptgerichte mit Fisch 50

Vegetarische Hauptgerichte 57

Wissenswertes

Warum ist es überhaupt so wichtig, gute Alternativen zu dem herkömmlichen Kochen zu finden? Erst einmal steigen derzeit die Strom- und Energiepreise enorm an. Zudem kann es aber auch immer passieren, dass mal kein Strom und auch kein Gas zum Kochen zur Verfügung stehen. Es kann immer zu einem Stromausfall kommen, egal, ob durch eine Unterbrechung der Stromversorgung oder auch z. B. durch eine Naturkatastrophe. Viele sind auch gerne längere Zeit in der Natur unterwegs, z. B. auf Roadtrips, und auch dann benötigt man etwas zum Essen, und zwar ohne Strom. Generell ist für solche Situationen auch immer ein Vorrat an haltbaren Lebensmitteln zu empfehlen. Im folgenden Abschnitt finden Sie alle Möglichkeiten, welche Sie haben, ohne Strom und auch ohne Gas zu kochen.

1. Der Grill

Ein Grill funktioniert auch ohne Strom oder Gas. Hier benötigen Sie natürlich einen Grill, welcher mit Holzkohle funktioniert, und keinen Gasgrill oder Elektrogrill. Mit einem Grill haben Sie viele verschiedene Möglichkeiten. Sie können nicht nur vielseitige Fleischgerichte grillen, sondern auch Käse, Gemüse oder auch einige süße Gerichte. Ein Grill kann einfach draußen, auf der Terrasse oder manchmal auch auf dem Balkon verwendet werden. Ansonsten können Sie hier aber auch einen Grillplatz mieten oder sich mit mehreren einen passenden Garten teilen.

2. Der Dutch Oven

Mit einem Dutch Oven können Sie auch viele leckere Gerichte zubereiten. Einen Dutch Oven können Sie beispielsweise auf den Grill stellen oder einfach direkt in ein offenes Feuer.

3. Das Fondue-Set

Auch mit einem Fondue-Set können einige Leckereien gezaubert werden. Hier ist kein herkömmliches Fondue-Set gemeint, welches über Strom läuft. Es gibt auch Fondue-Sets, welche mit Teelichtern funktionieren, oder auch solche, die mit Brennspiritus oder auch Brennpaste erhitzen.

4. Der Teelichtofen

Im Notfall können Sie auch gut mit Teelichtern kochen. Dazu benötigen Sie mindestens vier Teelichter. Sie legen hier nur ein Rost über Teekerzen und stülpen dann einen Tontopf darüber. So haben Sie auch einen guten Ersatz für einen Ofen. Das Essen dauert so nur etwas länger.

5. Der Spirituskocher

Auch der Spirituskocher ist eine gute Möglichkeit, das Essen zu kochen. Hier muss aber immer aufgepasst werden, da Brennspiritus sehr gefährlich werden kann. Dementsprechend wird hier erst einmal etwas Übung benötigt.

6. Der Alkoholbrenner

Diese Möglichkeit ist dem Spirituskocher sehr ähnlich, nur dass hier kein Spiritus benötigt wird, sondern eben Alkohol. Jeder hochprozentige Alkohol kann hier verwendet werden.

7. Der Hobokocher

Ein Hobokocher funktioniert durch eine kleine Feuerstelle. Hier kann super durch einen Kamineffekt das Essen gekocht und erhitzt werden. Dafür braucht man nur eine kleine Stelle draußen und schon kann man Leckeres zubereiten.

8. Die Kochkiste

Mit einer Kochkiste kann einfach Energie gespart werden. Diese kommt besonders zum Einsatz, wenn Gerichte sehr lange köcheln müssen. Beispiele hierfür sind zartes Fleisch oder auch leckere Eintöpfe. Wenn der Herd lange eingeschaltet ist, wird hier viel Energie verbraucht, und diese kann so einfach gespart werden. Das Gericht muss vorher vorgekocht werden. Dafür können Sie die oben genannten Methoden verwenden. Danach kommt das Gericht in die Kochkiste, wo die Hitze einfach gehalten wird. Es wird ein verschlossener Topf in die Kiste gestellt und danach kann sich in der Kiste eine Temperatur von etwa 80 Grad über mehrere Stunden halten. Das Garen dauert so immer ein paar Stunden, aber man spart sehr viel Energie.

Gerichte	**Vorkochzeit (in Minuten)**	**In der Kiste (in Stunden)**
Nudeln, Reis, Griess	3	1
Suppen mit kurzer Kochzeit	5	1
Blumenkohl, Karotten, Krautstiele	10	1-2
Hafer-, Gerste und Reisschleimsuppen	15	2
Äpfel, Birnen, Zwetschgen	15-20	2-3
Eintöpfe	15-20	2
Bohnen-, Erbsen- und Linsensuppe	25-30	3
Sauerkraut	25-30	3-4
Rinderbraten, Siedfleisch und Sauerbraten	30	3-4

Die Kochkiste ist wegen der langen Kochzeit und der dadurch einhergehenden Vitaminverluste nicht für Gemüse geeignet.

9. Bettdecke

Das Garen mit der Bettdecke war früher einmal sehr bekannt, doch heute kennt es kaum jemand. Hierbei kochen Sie Ihr Essen vor und stellen einen Untersetzer auf das Bett. Danach legen Sie die Bettdecke direkt über den Topf. Wichtig ist, dass die Bettdecke so eng wie möglich auf dem Topf liegt. Nach etwa zwei Stunden sind die meisten Gerichte, wie z. B. Kartoffeln, gegart.

10. Kalte Küche

Zudem braucht man auch nicht immer warm zu essen. Es gibt viele Gerichte, welche einfach und vor allem auch lecker kalt zuzubereiten sind. Dazu finden Sie einige Möglichkeiten in diesem Kochbuch.

Frühstück

SKYR MIT BEEREN UND NÜSSEN

1 Port.

5 Min.

Leicht

Zutaten

50 g Heidelbeeren
50 g Himbeeren
250 g Skyr
2 EL Dinkelflocken
1 EL Leinsamen
1 EL Walnusskerne
1 EL Cashewkerne
1 EL Kokosflocken
1 TL Honig

Nährwerte p. P.

523 kcal
40 g Kohlenhydrate
23 g Fett
37 g Eiweiß

1 Waschen Sie zuerst die Himbeeren und die Heidelbeeren ab und lassen Sie sie trocknen.

2 Geben Sie anschließend den Skyr in eine Schale. Danach die Beeren darauf verteilen.

3 Fügen Sie nun die Dinkelflocken, die Leinsamen, die Nüsse und die Kokosflocken hinzu.

4 Süßen Sie das Frühstück nach Belieben mit etwas Honig.

GEMISCHTES FRÜHSTÜCK MIT BROT UND LAUGENBREZEL

 1 Port.
 10 Min.
 Leicht

Zutaten

1 Scheibe Bauernbrot (etwa 50 g)
Etwas Butter
50 g Räuchertofu, in Scheiben
2 Tomatenscheiben
3 Scheiben frische Gurke
Etwas schwarzer Pfeffer
2 Radieschen
1 Laugenbrezel
40 g vegetarischer Brotaufstrich
250 ml Orangensaft
Frischer Kerbel und frisches Basilikum (zum Garnieren)
Radieschen (zum Garnieren)

Nährwerte p. P.

490 kcal
75 g Kohlenhydrate
12 g Fett
17 g Eiweiß

1 Bestreichen Sie zuerst das Brot mit der Butter. Das Brot anschließend mit dem Räuchertofu, den Tomatenscheiben und den Gurkenscheiben belegen. Bestreuen Sie das Ganze mit etwas Pfeffer und frischem Kerbel. Waschen Sie danach die Radieschen, schneiden Sie sie in Scheiben und legen Sie sie auf das Brot.

2 Schneiden Sie zunächst die Laugenbrezel auf und bestreichen Sie die Unterseite mit dem Brotaufstrich. Die Brezel mit Radieschen und Basilikum belegen.

3 Servieren Sie zu dem fertigen Frühstück ein Glas Orangensaft.

OVERNIGHT-OATS AUS DEM GLAS

1 Port.

1 Tag

Leicht

Zutaten

50 g zarte Haferflocken
150 ml Mandelmilch oder Hafermilch
1 TL Chiasamen
Etwas Zimt
Frische Früchte (als Topping)
Nach Belieben andere Toppings (z. B. Nüsse)

Nährwerte p. P.

295 kcal
50 g Kohlenhydrate
8 g Fett
18 g Eiweiß

1 Geben Sie zuerst die Haferflocken in ein Glas, welches zu verschließen ist.

2 Danach die Milch, die Chiasamen und den Zimt dazugeben und alles mischen. Das Ganze nun verschließen und über Nacht im Kühlschrank quellen lassen.

3 Am nächsten Morgen dann die frischen Früchte klein schneiden und die Oats damit garnieren. Nach Belieben können Sie noch Nüsse oder Ähnliches verwenden.

GEFÜLLTE PEPERONI MIT EI VOM GRILL

4 Port.

20 Min.

Leicht

Zutaten

2 rote Peperoni
2 EL Olivenöl
1 TL Salz
Etwas Pfeffer
½ Bund frische Petersilie
100 g Reibekäse
4 Eier

Nährwerte p. P.

260 kcal
6 g Kohlenhydrate
18 g Fett
16 g Eiweiß

1 Heizen Sie als Erstes den Grill auf 200 Grad vor. Nun die Peperoni in Hälften schneiden und anschließend mit Olivenöl bestreichen. Die Peperoni auch mit etwas Salz und Pfeffer bestreuen.

2 Hacken Sie die Petersilie grob. Legen Sie die Peperoni mit der Schnittseite nach unten für etwa drei Minuten auf den Grill.

3 Danach die Peperoni umdrehen, mit Käse bestreuen und danach die Eier aufschlagen und über die Peperoni geben.

4 Streuen Sie noch etwas Salz darüber, dann mit Deckel für einige Minuten grillen, bis die Eier gestockt sind.

5 Zuletzt die frische Petersilie hinzugeben und alles servieren.

FRÜHSTÜCKSPUDDING MIT CHIASAMEN

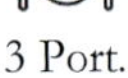

3 Port. | 8 Std. 10 Min. | Leicht

Zutaten

400 ml Mandel- oder Hafermilch
60 g Chiasamen
180 g Himbeeren
2 EL Ahornsirup
1 Handvoll frische Beeren (zum Garnieren)

Nährwerte p. P.

420 kcal
36 g Kohlenhydrate
19 g Fett
13 g Eiweiß

1 Geben Sie für den Pudding die Chiasamen und die Milch in ein Glas. Es sollten alle Chiasamen mit Milch bedeckt sein. Lassen Sie das Ganze nun im Kühlschrank für etwa 1 Stunde quellen.

2 Teilen Sie den Pudding nun auf drei passende Gläser auf und lassen Sie alles dann für mindestens 8 Stunden im Kühlschrank quellen.

3 Waschen Sie anschließend die Himbeeren und zerdrücken Sie diese in einer Schüssel mit einer Gabel. Dann den Ahornsirup untermengen. Geben Sie das Beerenpüree in die drei Gläser und garnieren Sie den Pudding zuletzt mit frischen Beeren.

PORRIDGE AUS DEM DUTCH OVEN

4 Port.

15 Min.

Leicht

Zutaten

800 ml Milch (auch gerne Pflanzenmilch oder Wasser)
16 EL zarte Haferflocken
1 Prise Salz
Nach Belieben frische Früchte oder Nüsse (zum Garnieren)

Nährwerte p. P.

254 kcal
34 g Kohlenhydrate
7 g Fett
13 g Eiweiß

1 Heizen Sie als Erstes den Grill auf 180 Grad vor.

2 Geben Sie nun die Milch in den Dutch Oven und fügen Sie die Haferflocken hinzu.

3 Dann alles zum Kochen bringen und zuletzt eine Prise Salz untermischen. Den Porridge dann für etwa 2 Minuten köcheln lassen und danach noch 3-4 Minuten quellen lassen.

4 Servieren Sie den Porridge nach Belieben mit Nüssen, Früchten oder Zutaten Ihrer Wahl.

EINFACHE SPIESSE MIT BROT FÜR DIE KLEINEN

3 Port.

15 Min.

Leicht

Zutaten

2 Scheiben Vollkornbrot
1 EL Kräuterquark
1 Scheibe Gouda
1 Scheibe Hähnchenbrust
Etwas frische Kresse
½ Salatgurke
2 Cocktailtomaten
1 Karotte
50 g Himbeeren oder Erdbeeren
2 EL Cashewnüsse
Ein paar Holzspieße

Nährwerte p. P.

31 kcal
6 g Kohlenhydrate
1 g Fett
1 g Eiweiß

1 Bestreichen Sie als Erstes die Brotscheiben mit dem Kräuterquark. Legen Sie dann eine Scheibe Gouda darauf. Zunächst die Hähnchenbrust hinzugeben und dann die Kresse dazugeben. Dann die zweite Scheibe Brot auflegen.

2 Schneiden Sie die Gurke in Scheiben. Danach die Karotte schälen und in feine Scheiben schneiden.

3 Danach das belegte Brot in kleine Vierecke schneiden und nun nach und nach mit den Gurken, der Karotte und den Tomaten auf Holzspieße stecken.

4 Zu den Spießen können Sie frische Beeren und Nüsse reichen

Salate

SALAT NACH GRIECHISCHER ART

4 Port.

15 Min.

Leicht

Zutaten

½ Eisbergsalat
3 Tomaten
1 rote Paprika
½ Gurke
1 rote Zwiebel
200 g Feta
50 ml Olivenöl
3 EL Weißweinessig
Etwas Salz
Etwas schwarzer Pfeffer
100 g schwarze Oliven

Nährwerte p. P.

335 kcal
17 g Kohlenhydrate
25 g Fett
11 g Eiweiß

1 Waschen Sie als Erstes den Salat, lassen Sie ihn trocknen und schneiden Sie ihn anschließend in Streifen. Danach die Tomaten, die Gurke und die Paprika waschen und in feine Würfel schneiden. Halbieren Sie dann die Zwiebel und schneiden Sie diese in feine Streifen. Im Anschluss den Feta zerkleinern.

2 Geben Sie danach das Öl gemeinsam mit dem Essig, dem Salz und dem Pfeffer in eine größere Schüssel. Dann einfach alle Zutaten hinzufügen und vermischen. Nach Belieben noch mit Gewürzen abschmecken und den frischen Salat servieren.

Tipp: Sie können nach Wunsch auch noch Knoblauch hinzufügen.

LEICHTER SALAT MIT ROTER BETE

4 Port.

15 Min.

Leicht

Zutaten

4 EL Rotweinessig
4 EL Pflanzenöl
Etwas Salz und Pfeffer
1 Prise brauner Zucker
800 g vakuumverpackte Rote Bete
½ rote Zwiebel
Frische Petersilie (zum Garnieren)

Nährwerte p. P.

159 kcal
23 Kohlenhydrate
5 g Fett
3 g Eiweiß

1 Geben Sie als Erstes das Öl, den Essig, das Salz, den Zucker und den Pfeffer in eine Schüssel und mischen Sie alles.

2 Schneiden Sie anschließend die Rote Bete in kleine Scheiben und geben Sie sie dazu. Die Zwiebel schälen, in feine Ringe schneiden und mit in den Salat geben.

3 Schmecken Sie alles nach Bedarf mit Gewürzen ab und garnieren Sie den fertigen Salat mit frischer Petersilie.

SALAT MIT TOMATE UND MINZE

4 Port.

20 Min.

Leicht

Zutaten

400 g Roma-Tomaten
250 g Cherry-Tomaten
4 Stiele frische Minze
1 Schalotte
1 Zitrone
2 EL Olivenöl
Etwas Salz
Etwas Pfeffer
Etwas brauner Zucker
100 g Ziegenkäserolle
50 g Walnüsse

Nährwerte p. P.

244 kcal
9 g Kohlenhydrate
20 g Fett
9 g Eiweiß

1 Waschen Sie im ersten Schritt die Minze und schütteln Sie sie trocken. Danach die Blätter fein hacken. Schälen Sie anschließend die Schalotte und hacken Sie sie fein. Danach die Zitrone auspressen.

2 Nun 2 EL Zitronensaft und 2 EL Öl in einer Schüssel mischen. Dann das Salz, den Pfeffer und den braunen Zucker dazugeben. Jetzt die Tomaten, die Minze und die Schalotten mit in die Schüssel geben und alles vermengen.

3 Danach den Ziegenkäse klein schneiden und den Salat damit anrichten. Zum Schluss die Walnüsse fein hacken und zum Salat geben.

SALAT MIT APFEL UND KAROTTE

4 Port.

15 Min.

Leicht

Zutaten

500 g Möhren
3 Äpfel
1 Zitrone
½ TL Salz
½ TL Pfeffer
50 g Rosinen
50 g Walnüsse

Nährwerte p. P.

220 kcal
44 g Kohlenhydrate
1 g Fett
2 g Eiweiß

1 Waschen Sie im ersten Schritt die Möhren ab und reiben Sie diese fein. Danach die Äpfel waschen und ebenso fein reiben.

2 Schneiden Sie im Anschluss eine Zitrone auf und pressen Sie den Saft aus. Mischen Sie danach den Zitronensaft mit den Möhren und den Äpfeln.

3 Fügen Sie im Anschluss auch die Rosinen und die Walnüsse hinzu und würzen Sie alles abschließend mit etwas Salz und Pfeffer.

SALAT MIT BEEREN UND MANDELN

4 Port.

15 Min.

Leicht

Zutaten

100 g Spinat
200 g Heidelbeeren
150 g Feta
5 EL Olivenöl
1 TL Honig
1 EL Zitronensaft
2 EL Weißweinessig
Etwas Salz und Pfeffer
60 g Mandelkerne

Nährwerte p. P.

334 kcal
5 g Kohlenhydrate
30 g Fett
11 g Eiweiß

1 Waschen Sie als Erstes gründlich den Spinat und schleudern Sie ihn trocken.

2 Danach die Heidelbeeren waschen und trocknen lassen. Zerbröseln Sie den Feta mit den Händen.

3 Geben Sie die Zutaten auf Teller. Danach in einer kleinen Schüssel das Olivenöl, den Honig, den Zitronensaft, den Essig, das Salz und den Pfeffer verrühren und abschmecken.

4 Servieren Sie anschließend den Salat mit dem Dressing und den Mandeln.

RADIESCHEN-SALAT

4 Port.

25 Min.

Leicht

Zutaten

3 Bund Radieschen
2 Romana-Salatherzen
6 Frühlingszwiebeln
150 g Joghurt
1 TL Senf
3 EL Weißweinessig
Etwas Salz
Etwas Pfeffer
1 Stange Baguette (rustikal)

Nährwerte p. P.

287 kcal
54 g Kohlenhydrate
3 g Fett
11 g Eiweiß

1 Waschen Sie zunächst alle Radieschen und schneiden Sie sie in kleine Würfel. Schneiden Sie nun das Strunkende vom Salat und waschen Sie die Blätter gründlich ab. Die Blätter dann auf eine größere Platte legen. Waschen Sie anschließend die Frühlingszwiebeln und schneiden Sie die Wurzeln davon ab. Die Zwiebeln nun in sehr feine Ringe schneiden.

2 Füllen Sie jetzt den Joghurt gemeinsam mit dem Weißweinessig, dem Senf, dem Salz und dem Pfeffer in eine kleine Schüssel und vermengen Sie alles. Geben Sie nun alle Zutaten in eine große Schüssel und mischen Sie alles. Den Salat erneut abschmecken und auf den Salatblättern anrichten.

3 Servieren Sie die Stange Baguette zu dem Salat.

TATAR AUS TOMATEN UND AVOCADO

4 Port.

25 Min.

Leicht

Zutaten

3 Avocados (reif)
3 EL Zitronensaft
6 Tomaten
½ Kopf Blattsalat
1 Prise Salz
1 Prise schwarzer Pfeffer

Für die Marinade:
3 EL Weinessig
3 EL Balsamico
1 TL Senf
1 TL Honig
1 Prise Salz
1 Prise Pfeffer
5 EL Olivenöl

Nährwerte p. P.

244 kcal
3 g Kohlenhydrate
20 g Fett
9 g Eiweiß

1 Halbieren Sie als Erstes die Avocados und schneiden Sie das Fruchtfleisch in feine Würfel. Beträufeln Sie die Würfel direkt mit etwas Zitronensaft, damit sie sich nicht verfärben.

2 Schneiden Sie anschließend die Tomaten ganz leicht an der Haut ein. Kochen Sie Wasser auf und überbrühen Sie die Tomaten damit für einige Sekunden. Danach die Tomaten direkt mit kaltem Wasser abschrecken und die Haut einfach abziehen. Schneiden Sie die Tomaten dann ebenso in feine Würfel.

3 Füllen Sie die Avocados und die Tomaten nun in eine passende Schüssel und vermengen Sie alles vorsichtig mit etwas Salz und Pfeffer. Im Anschluss den Salat gründlich waschen, dann trocken schütteln und in kleinere Stückchen zerteilen.

4 Jetzt einfach für die Marinade das Öl, den Senf, den Honig, den Pfeffer, das Salz, den Balsamico und den Weinessig vermengen.

5 Richten Sie die Salatblätter auf einem größeren Teller an und mischen Sie die Tomaten und die Avocados mit der Marinade. Die Mischung dann auf den Salatblättern anrichten.

GEMISCHTER SALAT MIT KICHERERBSEN, TOMATE UND PAPRIKA

2 Port.

10 Min.

Leicht

Zutaten

10 Cherrytomaten
1 gelbe Paprika
1 Chili
150 g Kichererbsen (aus der Dose)
1 Bund frische Petersilie
1 TL Olivenöl
1 TL Zitronensaft
1 Prise Salz
1 Prise Pfeffer
1 Zwiebel
1 TL Essig

Nährwerte p. P.

325 kcal
28 g Kohlenhydrate
15 g Fett
14 g Eiweiß

1 Füllen Sie als Erstes die Kichererbsen in ein Sieb und spülen Sie sie dann gründlich mit Wasser ab. Danach abtropfen lassen.

2 Im Anschluss die Zwiebel schälen und fein hacken. Danach die Chili waschen, die Kerne entfernen und dann in kleine Würfel hacken. Waschen Sie auch die Paprika und schneiden Sie sie in kleine Stücke.

3 Anschließend die Tomaten waschen und in Viertel schneiden. Zunächst die Petersilie waschen und fein hacken.

4 Geben Sie nun die Petersilie, die Paprika, die Chili, die Tomaten, die Zwiebel und die Kichererbsen in eine passende Schüssel. Nun den Zitronensaft, den Essig, das Salz, den Pfeffer und das Öl in einer kleinen Schüssel vermengen und in die große Schüssel gießen.

Tipp: Lassen Sie den Salat bis zum Servieren im Kühlschrank.

SALAT MIT ROTER BETE UND BIRNE

4 Port.

20 Min.

Leicht

Zutaten

400 g gestreifte Rote Bete
1 Birne
80 g Ziegenfrischkäse
1 Handvoll gemischte frische Kräuter
1 Handvoll junge Salatblätter
1 rote Chilischote
4 EL Apfelessig
1 TL Honig
4 EL Sonnenblumenöl
Etwas Kräutersalz
Etwas schwarzer Pfeffer

Nährwerte p. P.

235 kcal
15 g Kohlenhydrate
17 g Fett
5 g Eiweiß

1 Als Erstes die Rote Bete waschen, danach schälen und in feine Scheiben schneiden. Waschen Sie im Anschluss die Birne, entfernen Sie die Kerne und schneiden Sie sie längs in Scheiben.

2 Beides auf vier Tellern anrichten. Danach den Käse mit den Händen darüber zerbröseln.

3 Danach die Kräuter und den Salat waschen. Die Kräuter fein hacken und den Salat klein zupfen. Danach beides auf die Teller geben. Waschen Sie die Chilischote und hacken Sie sie fein.

4 In einer kleinen Schüssel den Essig, den Honig, die Chili und das Öl vermischen und gemeinsam mit dem Kräutersalz und dem Pfeffer über den Salat geben.

BUNTER SALAT MIT TOMATEN, PAPRIKA UND TACOS

4 Port.

30 Min.

Leicht

Zutaten

4 Tomaten
1 gelbe Paprika
1 grüne Paprika
½ Bund Frühlingszwiebeln
¼ Eisbergsalat
1 Dose Kidneybohnen
1 Dose Mais
300 g Salsa
200 g Joghurt
90 g Quinoa-Ecken (oder Ähnliches)

Nährwerte p. P.

331 kcal
54 g Kohlenhydrate
10 g Fett
13 g Eiweiß

1 Waschen Sie im ersten Schritt die Tomaten und schneiden Sie sie in Würfel. Danach die Paprika waschen, entkernen und ebenso in kleine Würfel schneiden. Waschen Sie im Anschluss die Frühlingszwiebeln und schneiden Sie diese in sehr dünne Ringe.

2 Danach dann den Eisbergsalat gründlich waschen, trocknen lassen und in kleinere Stückchen zupfen. Lassen Sie anschließend die Kidneybohnen und den Mais abtropfen. Vermischen Sie in einer Schüssel den Mais, die Kidneybohnen, die Salsa und die Paprika.

3 Nehmen Sie nun vier Gläser und schichten Sie diese mit den Zutaten. Zuerst kommt etwas Salat, dann etwas Salsa-Mischung, wieder etwas Salat, die Tomaten und die übrige Salsa-Mischung. Zuletzt etwas Joghurt dazugeben und vor dem Servieren mit den knusprigen Quinoa-Ecken garnieren.

Suppen

KALTE SUPPE MIT GEMÜSE

4 Port.

20 Min.

Leicht

Zutaten

500 g reife Strauchtomaten
½ Salatgurke
½ grüne Paprika
1 kleine Knoblauchzehe
1 kleine Zwiebel
25 ml Sonnenblumenöl
10 ml Rotweinessig
Etwas Salz und Pfeffer
Etwas frische Petersilie

Nährwerte p. P.

85 kcal
8 g Kohlenhydrate
5 g Fett
2 g Eiweiß

1 Als Erstes die Tomaten häuten, diese aufschneiden und dann die Kerne entfernen. Den Rest der Tomaten grob in kleine Würfel schneiden. Schälen Sie anschließend die Salatgurke und entfernen Sie auch hier die wässrigen Kerne. Danach in grobe Würfel schneiden.

2 Nun die Paprika gründlich waschen, die Kerne entfernen und in kleine Würfel schneiden. Schälen Sie jetzt den Knoblauch und die Zwiebel und schneiden Sie beides klein.

3 Jetzt alles, außer die Tomaten und die Gurke, in eine Schüssel geben und alles mit einem Küchenstampfer zerkleinern. Dann nach Wunsch Wasser hinzugeben, bis die Suppe die gewünschte Konsistenz erreicht hat. Geben Sie jetzt das Öl und den Essig dazu. Alles mit Salz und Pfeffer verfeinern und etwa für eine Stunde im Kühlschrank ziehen lassen.

4 Servieren Sie die fertige Suppe und garnieren Sie diese mit den gewürfelten Tomaten- und Gurkenstückchen. Schneiden Sie die Petersilie fein und garnieren Sie damit das Gericht.

KÜRBISSUPPE VOM GRILL

4 Port.

40 Min.

Leicht

Zutaten

1 kg Hokkaido-Kürbis
2-3 EL Sonnenblumenöl
1 Schalotte
1 Ingwerknolle
1 Messerspitze Chiliflocken
500 ml Kokosmilch
Etwas Salz
Etwas Pfeffer
50 ml trockener Weißwein
700 ml Gemüsebrühe
Eine Prise Muskat
4 EL Kürbiskernöl
4 EL Kürbiskerne
1 Gusstopf

Nährwerte p. P.

274 kcal
7 g Kohlenhydrate
27 g Fett
3 g Eiweiß

1 Als Erstes den Kürbis waschen, dann aufschneiden und die Kerne entfernen. Schneiden Sie den Kürbis dann in kleine Würfel. Im Anschluss die Schalotte schälen und ebenso in kleine Würfel schneiden.

2 Geben Sie 2-3 EL Öl in einen Gusstopf und fügen Sie dann die Kürbis- und die Schalottenwürfel hinzu. Dann alles für 5 Minuten auf dem Grill anrösten. Löschen Sie das Gemüse mit Brühe und Weißwein ab.

3 Befreien Sie danach den Ingwer von der Schale und reiben Sie ihn mit in den Topf. Jetzt die Kokosmilch dazugeben. Lassen Sie die Suppe für 15 Minuten auf dem Grill köcheln. Pürieren Sie dann die Suppe mit Hilfe eines Küchenstampfers, wenn der Kürbis schön weich gekocht ist.

4 Schmecken Sie die Suppe zuletzt mit den Chiliflocken, dem Salz, dem Pfeffer und dem Muskat ab. Servieren Sie die Suppe garniert mit Kürbiskernöl und Kürbiskernen.

EINTOPF VOM GRILL

4 Port.

55 Min.

Leicht

Zutaten

80 g Speckwürfel
1 Zwiebel
1 Zehe Knoblauch
250 g Stangensellerie
3 EL Tomatenpüree
1 ¾ l Rindsbouillon
½ TL Salz
300 g bunte Cherrytomaten
400 g Pasta
80 g Jungspinat
4 EL geriebener Parmesan

Nährwerte p. P.

503 kcal
80 g Kohlenhydrate
9 g Fett
22 g Eiweiß

1 Als Erstes die Zwiebel schälen und in feine Streifen schneiden. Danach die Knoblauchzehe auspressen. Den Speck, die Zwiebel und den Knoblauch in eine feuerfeste Pfanne füllen und alles mit Deckel für etwa 3 Minuten auf dem Grill garen lassen.

2 Nun den Sellerie in feine Scheiben schneiden. Danach den Sellerie und das Tomatenpüree in die Pfanne geben und für 5 Minuten anbraten. Anschließend die Bouillon und etwas Salz hinzugeben und alles für 15 Minuten köcheln lassen.

3 Zunächst die Pasta und auch die Tomaten dazugeben und alles 10 Minuten köcheln lassen. Zum Schluss den Spinat und den geriebenen Parmesan untermischen und servieren.

GAZPACHO MIT FRUCHTIGER MELONE

4 Port.

45 Min.

Leicht

Zutaten

1 Salatgurke
2 rote Paprikaschoten
1 Stiel frische Minze
1 kg Wassermelone
1 Chilischote
600 g reife Tomaten
1 kleine rote Zwiebel
1 EL Weißwein-Essig
Etwas Salz und Pfeffer
1 Prise Zucker
½ Bio-Zitrone
4 EL Sonnenblumenöl

Nährwerte p. P.

262 kcal
36 g Kohlenhydrate
11 g Fett
5 g Eiweiß

1 Schälen Sie als Erstes die Gurke und entfernen Sie von einem Viertel der Gurke die Kerne. Danach in kleine Würfel schneiden und den Rest mit den Kernen in grobe Stücke schneiden. Nun die Paprika waschen, die Kerne entfernen und die Hälfte in kleine Würfel schneiden. Die andere Hälfte in grobe Stücke schneiden.

2 Waschen Sie anschließend die Minze und zupfen Sie die Blättchen ab. Mischen Sie nun alles und stellen Sie es in den Kühlschrank.

3 Schneiden Sie die Melone in grobe Stücke. Dann die Chili entkernen und in kleine Würfel schneiden. Danach die Tomaten würfeln. Schälen Sie anschließend die Zwiebel und schneiden Sie diese in grobe Stückchen.

4 Alles mit einem Küchenstampfer zerkleinern und mit Essig, Salz, Pfeffer und Zucker verfeinern.

5 Etwas Zitronenschale abreiben und mit dem Öl mischen. Den Saft der Zitrone auspressen und mit in die Masse geben.

6 Nun die Gazpacho in Schälchen füllen und mit dem Gurken-Mix garnieren. Zuletzt noch Zitronenöl und Minzblättchen dazugeben.

SUPPE AUS DEM DUTCH OVEN MIT KÄSE UND LAUCH

4 Port.

30 Min.

Leicht

Zutaten

500 g gemischtes Hackfleisch
2 Stangen Lauch
200 ml Sahne
250 ml trockener Weißwein
250 ml Gemüsefond
200 g Schmelzkäse
150 g Bergkäse (gerieben)
50 g geriebener Parmesan
Etwas Öl (zum Braten)
Etwas Salz und Pfeffer

Nährwerte p. P.

262 kcal
36 g Kohlenhydrate
11 g Fett
5 g Eiweiß

1 Heizen Sie den Dutch Oven etwas vor. In der Zwischenzeit den Lauch waschen und anschließend in dünne Scheiben schneiden.

2 Jetzt etwas Öl zum Braten in den Topf geben und das Hackfleisch kurz anbraten. Wenn das Fleisch braun ist, den Lauch hinzugeben.

3 Wenn der Lauch etwas angebraten ist, den Fond und den Weißwein hinzugeben. Lassen Sie jetzt für 15 Minuten alles leise köcheln.

4 Zunächst den Schmelzkäse in den Topf füllen, bis der Käse sich vollständig aufgelöst hat – dies sollte etwa 5 Minuten dauern.

5 Anschließend die Sahne einrühren, genauso wie den Parmesan und den Bergkäse. Schmecken Sie die Suppe nach Belieben ab – hier vorsichtig sein mit dem Salz, da die Zutaten schon salzig sind.

SUPPE AUS KARTOFFELN AUS DEM DUTCH OVEN

4 Port.

30 Min.

Leicht

Zutaten

1 kg Kartoffeln (festkochend)
2 Zwiebeln
1 Bund Suppengrün
1 l Gemüsebrühe
200 ml Sahne
Etwas Salz und Pfeffer
Etwas Muskat
Etwas Butter
Frische Petersilie
Nach Belieben 150 g Baconwürfel

Nährwerte p. P.

294 kcal
49 g Kohlenhydrate
5 g Fett
7 g Eiweiß

1 Schälen Sie als Erstes die Kartoffeln und schneiden Sie sie anschließend in kleine Würfel. Im Anschluss die Zwiebeln schälen. Schälen Sie auch den Knollensellerie und die Möhren und schneiden Sie alles in kleine Würfel. Der Lauch wird in feine Ringe geschnitten.

2 Zunächst noch die Petersilie fein hacken. Nun etwas Butter in den Topf geben und die Zwiebeln glasig anbraten. Im Anschluss das übrige Gemüse mit in den Topf geben und alles kurz braten.

3 Dann die Kartoffeln dazugeben und alles mit der Brühe ablöschen. Nun alles gut mit Salz und Pfeffer würzen. Dann die Brühe aufkochen und alles mit Deckel für 20 Minuten köcheln lassen.

4 Zunächst die Sahne, den Muskat und nach Wunsch etwas Salz und Pfeffer hinzugeben und alles mit einem Küchenstampfer klein pürieren. Die Suppe dann mit Petersilie und Bacon garnieren.

WURZELSUPPE AUS DER KOCHKISTE

4 Port.

2 Std.

Leicht

Zutaten

750 ml Gemüsebouillon
200 g gekochte Kichererbsen
125 ml Apfelsaft
4 Schalotten
2 Karotten
1 kleine Sellerieknolle
2 gelbe Rüben
2 Pastinaken
2 Petersilienwurzeln
2 Knoblauchzehen
4 EL Rapsöl
etwas Salz und Pfeffer
1 Prise Muskatnuss
etwas Apfelessig (zum Abschmecken)
etwas frischer Majoran (zum Bestreuen)

Nährwerte p. P.

294 kcal
49 g Kohlenhydrate
5 g Fett
7 g Eiweiß

1 Schälen Sie als Erstes die Schalotten und den Knoblauch. Danach beides in feine Stückchen schneiden. Schälen Sie im Anschluss das Wurzelgemüse und schneiden Sie es ebenso in kleine Würfel.

2 Erhitzen Sie anschließend das Öl in einem Topf und rösten Sie die Schalotten und den Knoblauch darin an. Danach die Kichererbsen abtropfen lassen und gemeinsam mit den Wurzeln in den Topf geben. Dann alles mit Muskat, Salz und Pfeffer bestreuen.

3 Löschen Sie alles mit Apfelsaft und Bouillon ab und lassen Sie alles für ein paar Minuten kochen. Danach mit Apfelessig abschmecken.

4 Den Topf jetzt verschließen und dann in die Kochkiste stellen. Den Topf dann etwa für zwei Stunden in der Garkiste lassen und zuletzt mit Majoran garnieren.

Aufstriche

GUACAMOLE

4 Port.

20 Min.

Leicht

Zutaten

2 reife Tomaten
2 reife Avocados
2 Frühlingszwiebeln
Etwas Salz
Etwas Cayennepfeffer
Etwas edelsüßes Paprikapulver
1 EL frischer Zitronensaft

Nährwerte p. P.

142 kcal
6 g Kohlenhydrate
13 g Fett
2 g Eiweiß

1 Waschen Sie zuerst die Tomaten und entfernen Sie diese. Danach in feine Würfel schneiden.

2 Halbieren Sie anschließend die Avocados, entnehmen Sie die Kerne und nehmen Sie das Fruchtfleisch aus der Schale. Zerdrücken Sie dann alles gründlich mit einer Gabel (geht am besten auf einem Brettchen aus Holz).

3 Im Anschluss dann die Frühlingszwiebeln waschen und putzen. Lassen Sie sie trocknen und schneiden Sie sie in feine Ringe.

4 Danach die Avocados, die Tomaten, die Ringe, etwas Salz, etwas Cayennepfeffer, etwas Paprikapulver und den Zitronensaft in einer passenden Schüssel mischen und abschmecken. Dann in einem Schälchen schön anrichten und nach Wunsch mit Frühlingszwiebeln garnieren.

PIKANTER AUFSTRICH MIT PAPRIKA

4 Port.

15 Min.

Leicht

Zutaten

350 g Ajvar
75 g Tomatenmark
1 Stück Zwiebel
1 EL Paprikapulver, rosenscharf
2 EL Cayennepfeffer
1 TL Gemüsebrühe
½ TL gemahlener Zimt
½ TL Cumin
Nach Belieben Salz
1 TL granulierter Knoblauch
1 EL geräuchertes Paprikapulver

Nährwerte p. P.

162 kcal
11 g Kohlenhydrate
10 g Fett
5 g Eiweiß

1 Als Erstes die Zwiebel schälen und dann halbieren. Schneiden Sie die Zwiebel in sehr feine Würfel – den Strunk verwerfen.

2 Wiegen Sie das Tomatenmark ab und geben Sie es gemeinsam mit der Zwiebel in eine passende Schüssel.

3 Nun das Ajvar hinzugeben und alles stark miteinander vermengen. Am Ende sollte eine geschmeidige Masse entstehen.

4 Dann alles mit den Gewürzen verfeinern und in verschlossene Gläser füllen. Der Aufstrich hält sich gekühlt nun ungefähr eine Woche.

SELBSTGEMACHTE HIMBEERMARMELADE OHNE KOCHEN

2 Port.

15 Min.

Leicht

Zutaten

250 g Himbeeren
200 g Gelierzucker
3 EL Zitronensaft

Nährwerte p. P.

243 kcal
57 g Kohlenhydrate
0 g Fett
1 g Eiweiß

1 Als Erstes die Himbeeren gründlich waschen und trocknen lassen. Zerdrücken Sie die Himbeeren dann gut mit einer Gabel auf einem Brettchen.

2 Mischen Sie jetzt nach und nach den Gelierzucker dazu. Pressen Sie den Zitronensaft aus und mischen Sie ihn unter.

3 Mixen Sie die Masse gründlich für mehrere Minuten mit einem Schneebesen durch.

4 Füllen Sie die fertige Marmelade dann in zwei Gläschen mit Deckel. Danach kühl aufbewahren.

SIMPLER DIP MIT KRÄUTERN

4 Port.

20 Min.

Leicht

Zutaten

200 g Schmand
200 g Doppelrahm-Frischkäse
150 g Magerquark
100 g Mayonnaise
20 g Sahne (oder Milch nach Belieben)
Etwas Salz und Pfeffer
Frische Kräuter (nach Belieben)

Nährwerte p. P.

199 kcal
3 g Kohlenhydrate
15 g Fett
12 g Eiweiß

1 Geben Sie zunächst den Schmand, den Frischkäse, den Quark, die Mayonnaise, die Sahne oder die Milch in eine Schüssel. Dann alles kräftig mit einem Schneebesen vermengen.

2 Nun die Kräuter sehr fein hacken und einrühren. Schmecken Sie zum Schluss alles mit etwas Salz und Pfeffer ab. Dann in ein verschlossenes Glas füllen und im Kühlschrank aufbewahren.

Tipp: Wenn Sie Knoblauch mögen, können Sie nach Wunsch zwei Zehen Knoblauch hinzupressen.

WÜRZIGER AUFSTRICH MIT FETA UND TOMATE

4 Port.

25 Min.

Leicht

Zutaten

1 Zehe Knoblauch
70 g getrocknete Tomaten, in Öl eingelegt
150 g Feta
250 g Ricotta
4 EL Olivenöl
Etwas Pfeffer
Etwa 1 Handvoll frisches Basilikum

Nährwerte p. P.

198 kcal
5 g Kohlenhydrate
15 g Fett
9 g Eiweiß

1 Schälen Sie zuerst den Knoblauch. Das Basilikum dann richtig fein hacken.

2 Im Anschluss den Knoblauch in eine Schüssel pressen und das Basilikum dazugeben. Hacken Sie die getrockneten Tomaten fein und geben Sie sie dazu.

3 Dann den Feta zerbröseln und in die Schüssel füllen. Alle anderen Zutaten hinzugeben und alles mit einem Küchenstampfer zu einem Aufstrich verarbeiten.

4 Die Creme dann anrichten und mit etwas Olivenöl und Basilikum garnieren.

Tipp: Servieren Sie die leckere Creme mit frischem Baguette.

DIP MIT TAHINI

4 Port.

15 Min.

Leicht

Zutaten

250 g Tahini (aus dem Bio-Markt)
1 Zehe Knoblauch
2-3 EL Zitronensaft
Etwas Salz
200 ml kaltes Wasser

Nährwerte p. P.

122 kcal
11 g Kohlenhydrate
11 g Fett
3 g Eiweiß

1 Geben Sie zunächst das Tahini und 2 EL Zitronensaft in eine Schüssel. Danach die Zehe Knoblauch auspressen oder fein reiben und hinzugeben.

2 Im Anschluss etwas Salz und das Wasser dazugeben und alles kräftig mit einem Schneebesen vermengen.

3 Den fertigen Aufstrich mit Gewürzen abschmecken und in einem verschlossenen Glas aufbewahren.

DIP MIT TOMATE UND KNOBLAUCH

4 Port.

25 Min.

Leicht

Zutaten

1 Zehe Knoblauch
½ TL Chilipulver
1 TL Salz
150 g getrocknete Tomaten, in Öl eingelegt
200 g Frischkäse

Nährwerte p. P.

280 kcal
6 g Kohlenhydrate
26 g Fett
6 g Eiweiß

1 Zuerst den Knoblauch in eine Schüssel pressen und das Chilipulver dazugeben. Im Anschluss die eingelegten Tomaten sehr fein hacken und hinzugeben.

2 Zunächst das Salz hinzugeben und den Frischkäse untermischen. Am besten alles mit einem Küchenstampfer oder alternativ mit einer Gabel zerdrücken.

3 Zuletzt abschmecken und in einem Schälchen anrichten.

Hauptgerichte mit Fleisch

AUFLAUF MIT NUDELN UND HACKFLEISCH AUS DEM DUTCH OVEN

3 Port.

1 Std. 20 Min.

Leicht

Zutaten

400 g Rinderhackfleisch
350 g Fusilli-Nudeln
350 g passierte Tomaten
150 g Kirschtomaten
150 g Cheddar (gerieben)
115 ml Schlagsahne
2 rote Zwiebeln
1 EL Pizzagewürz
1 TL Zucker
Etwas Salz und Pfeffer
Etwas Butterschmalz
Dutch Oven
10 Kokosbriketts

Nährwerte p. P.

1204 kcal
111 g Kohlenhydrate
60 g Fett
55 g Eiweiß

1 Zuerst die Kokosbriketts im Anzündkamin durchglühen. Danach die Nudeln darin vorkochen.

2 Nun die roten Zwiebeln in kleine Stücke schneiden und die Tomaten in Viertel schneiden. Anschließend die passierten Tomaten gemeinsam mit der Schlagsahne, dem Zucker, dem Pizzagewürz, etwas Salz und Pfeffer verrühren und aufkochen lassen. Alles abschmecken.

3 Etwas Butterschmalz in den Dutch Oven geben und das Hackfleisch darin anbraten. Danach die Zwiebeln und die Tomaten hinzugeben. Jetzt das Fleisch, die Sauce und die Nudeln vermischen. Das Gericht im Anschluss nochmals abschmecken und den Cheddar darauf verteilen.

4 Den Deckel auf den Dutch Oven geben und alles für 40 Minuten garen lassen, bis der Käse schön zerlaufen ist.

GULASCH MIT KRAUT AUS DER KOCHKISTE

6 Port.

3 Std.

Leicht

Zutaten

½ Weißkraut
1-2 Zwiebeln
½ kg Kartoffeln
2 EL Rapsöl
1 l Wasser oder Gemüsesuppe
1 EL Kümmel
1 EL Paprikapulver
3 EL Tomatenmark
2 Zehen Knoblauch
1 EL Mehl
Etwas Salz, Pfeffer und Chilipulver

Nährwerte p. P.

320 kcal
23 g Kohlenhydrate
18 g Fett
16 g Eiweiß

1 Zuerst die Zwiebeln schälen und in kleine Stücke schneiden. Im Anschluss auch die Kartoffeln schälen und gemeinsam mit dem Weißkraut in grobe Stücke schneiden.

2 Nun die Zwiebeln in etwas Öl anbraten und danach das Kraut und die Kartoffeln dazugeben. Im Anschluss den Knoblauch schälen und fein hacken. Dann mit zum Gemüse geben.

3 Geben Sie das Mark dazu und lassen Sie alles kurz anbraten. Danach die Gewürze dazugeben und alles mit Wasser oder einer Gemüsesuppe auffüllen, bis alles bedeckt ist. Dann alles 20 Minuten köcheln lassen.

4 Rühren Sie 1 EL Mehl in den Topf, so wird alles cremiger. Schließen Sie jetzt den Topf und geben Sie ihn für etwa 2 Stunden in die Kochkiste.

SALATROLLEN MIT DIP

4 Port. | 1 Std. 20 Min. | Leicht

Zutaten

250 g gebratenes Hähnchenbrustfilet (gibt es im Kühlregal)
2 TL Sesamöl
2 EL helle Sojasauce
2 TL Honig
100 g Reisfadennudeln
1 Möhre
2 Frühlingszwiebeln
8 Blätter Eisbergsalat
10 g Ingwer
1 Zehe Knoblauch
1 EL Limettensaft
1 Messerspitze Kurkumapulver
1 Prise Chiliflocken

Nährwerte p. P.

210 kcal
27 g Kohlenhydrate
4 g Fett
17 g Eiweiß

1 Zuerst das bereits gebratene Hähnchen mit je 1 EL Sojasauce und Honig in einer Schüssel mischen und kurz ziehen lassen.

2 Geben Sie anschließend die Fadennudeln in eine Schüssel. Kochen Sie nun Wasser auf, z. B. in einem Spirituskocher, und übergießen Sie die Nudeln damit. Danach für 8 Minuten ziehen lassen und alles abtropfen lassen.

3 Danach die Möhre schälen und im Anschluss in feine Streifen schneiden. Waschen Sie auch die Frühlingszwiebeln und schneiden Sie sie in feine Ringe. Auch den Salat waschen und dann trocken schleudern.

4 Jetzt die Nudeln, das Fleisch, die Möhre und die Frühlingszwiebeln in einer Schüssel mischen und alles in die Salatblätter füllen und zusammenrollen.

5 Zuletzt den Dip zubereiten und dafür den Ingwer und den Knoblauch fein reiben. Dann das Öl, die Sojasauce, den Honig, den Limettensaft, das Kurkumapulver und die Chiliflocken dazugeben und alles mischen. Den Dip gemeinsam mit den Salatrollen servieren.

RINDERFILET AUS DEM DUTCH OVEN

3 Port. | 1 Std. 20 Min. | Leicht

Zutaten

2 kg Rinderfilet
250 g Baconwürfel
2 Zwiebeln
500 g Champignons
4 Zehen Knoblauch
400 g Schlagsahne
200 g Crème fraîche
1 Bund frische Petersilie
Dutch Oven

Nährwerte p. P.

1204 kcal
111 g Kohlenhydrate
60 g Fett
55 g Eiweiß

1 Zuerst die Zwiebeln schälen und in halbe Ringe schneiden. Danach die Pilze putzen und in feine Scheiben schneiden. Schälen Sie im Anschluss den Knoblauch und hacken Sie ihn klein. Danach die Petersilie waschen und fein hacken.

2 Das Rinderfilet zubereiten und gleich große Scheiben daraus schneiden. Die Scheiben sollten etwa 2 cm dick sein.

3 Den Dutch Oven anmachen und warten, bis er eine gute Hitze angenommen hat. Jetzt das Filet je Seite für 2 Minuten anbraten. Den Dutch Oven danach ein wenig abkühlen lassen und dann die Baconwürfel dazugeben.

4 Danach die Zwiebeln anbraten, bis sie schön glasig sind. Anschließend die Pilze dazugeben und warten, bis kein Wasser mehr austritt. Danach den Knoblauch hinzugeben und alles verrühren.

5 Wenn alles gut angebraten ist, die Sahne, die Petersilie und die Crème fraîche dazugeben und alles köcheln lassen. Dann alles abdecken und ziehen lassen, bis die Filetscheiben richtig gar sind.

LASAGNE AUS DEM DUTCH OVEN

3 Port.

1 Std. 40 Min.

Leicht

Zutaten

4 Päckchen Mozzarella (je 125 g)
1 Packung Lasagneplatten (ca. 500 g)
½ Packung frisch geriebener Parmesan
1 kg Hackfleisch
3 Karotten
1 große Zwiebel
1 Dose passierte Tomaten
1 Dose stückige Tomaten
200 ml Rotwein
200 ml Gemüsebrühe
200 ml Milch
100 ml Schlagsahne
70 g Prosciutto di Parma
10 g frische Petersilie
1 EL Tomatenmark
1 ½ TL Salz
1 TL Zucker
1 TL Italienische Kräuter
1 Prise Pfeffer

Für die Béchamelsauce:
50 g Butter
50 g Mehl
800 ml Milch
1 TL Salz
1 Prise frisch geriebener Muskat
1 Prise Pfeffer

Nährwerte p. P.

2063 kcal
140 g Kohlenhydrate
116 g Fett
104 g Eiweiß

1 Zuerst die Karotten klein raspeln. Schneiden Sie die Zwiebel und den Schinken in kleine Stückchen. Erhitzen Sie jetzt den Dutch Oven und braten Sie zunächst die Zwiebeln und das Hackfleisch darin an.

2 Nach dem Braten das Tomatenmark und den Zucker unterrühren. Im Anschluss den Rotwein hinzugeben und alles kurz kochen lassen. Anschließend den Schinken und die Karotten hinzugeben und beides kurz mitbraten lassen.

3 Zunächst die stückigen und die passierten Tomaten untermischen. Dann die Gemüsebrühe, das Salz, den Pfeffer und die italienischen Kräuter dazugeben. Alles kurz kochen lassen. Als Nächstes die Milch, die Schlagsahne und die Petersilie einrühren und alles etwa 30 Minuten garen lassen. Fertig ist die Hackfleischsauce – diese erst einmal zur Seite stellen.

4 Für die Béchamelsauce die Butter schmelzen und das Mehl unterrühren. Nach und nach die Milch hinzugeben. Anschließend mit Salz, Pfeffer und Muskat würzen – dabei das Rühren nicht vergessen, damit keine Klumpen entstehen.

5 Nun wird die Lasagne nach und nach im Dutch Oven geschichtet. Fangen Sie mit der Hackfleischsauce an, dann kommen die Lasagneplatten. Zuletzt kommen die Béchamelsauce und der Mozzarella und der Parmesan dazu. Die Lasagne nun mit Deckel für 40 Minuten backen.

ZARTER SCHMORBRATEN AUS DER KOCHKISTE

6 Port.

20 Min.

Leicht

Zutaten

1,5 kg Rindfleisch
2 große Zwiebeln
4 Karotten
4 EL Öl
1 EL Tomatenmark
1 EL Preiselbeermarmelade
125 ml Rotwein
1 l Rindsuppe
Etwas Salz und Pfeffer
1 Handvoll Bergheu
50 ml Öl
2 EL Senf
Einige Zweige Majoran und Thymian

Nährwerte p. P.

330 kcal
18 g Kohlenhydrate
7 g Fett
46 g Eiweiß

1 Mischen Sie 50 ml Öl, den Senf, den Majoran und den Thymian in einer kleinen Schüssel. Danach das Fleisch einige Stunden in der Marinade einlegen. Beim Einlegen sollte das Fleisch mehrfach gewendet werden.

2 Schälen Sie danach die Zwiebeln und die Karotten. Danach beides grob klein schneiden.

3 Erhitzen Sie 2 EL Öl in einem Topf und braten Sie die Hälfte der Karotten und der Zwiebeln darin an. Dann das Mark, die Marmelade und den Rotwein dazugeben. Alles mit der Rindsuppe auffüllen und etwas köcheln lassen, bis die Flüssigkeit weniger geworden ist.

4 Braten Sie nun das Rindfleisch in 2 EL Öl an, bis es eine schöne Farbe hat. Würzen Sie danach das Fleisch mit etwas Salz und Pfeffer. Geben Sie das Fleisch danach mit in den Topf, so dass es halb mit Flüssigkeit bedeckt ist. Lassen Sie das Fleisch für etwa 20 Minuten köcheln.

5 Decken Sie anschließend das Fleisch mit Backpapier ab und stechen Sie mit einem feinen Messer kleine Löcher in das Papier.

6 Verteilen Sie jetzt das Bergheu auf dem Papier und verschließen Sie den Topf. Verschließen Sie den Topf zusätzlich mit Gummibändern. Den Topf jetzt in die Kochkiste stellen und alles für 2 Stunden garen lassen.

RAGOUT MIT KÜRBIS UND PUTE

1 Port.

20 Min.

Leicht

Zutaten

1 kg Kürbis
2 EL Mehl
60 g Putenfleisch
2 EL Butter
4 Zwiebeln
Etwas Pfefferkörner
2 Lorbeerblätter
Etwas Thymian
½ l Hühnerbrühe
Etwas Salz
Saft einer Bio-Zitrone
Etwas Curry
1 Becher Sauerrahm

Nährwerte p. P.

330 kcal
18 g Kohlenhydrate
7 g Fett
46 g Eiweiß

1 Schälen Sie als Erstes den Kürbis und schneiden Sie ihn in grobe Würfel. Danach die Würfel mit Mehl bestäuben.

2 Schneiden Sie im Anschluss das Putenfleisch in kleine Würfel und braten Sie es dann kurz in Butter an. Das Fleisch danach zur Seite stellen.

3 Schälen Sie die Zwiebel und schneiden Sie sie in feine Stückchen. Danach die Kürbiswürfel und die Zwiebeln m Bratensaft anbraten und dabei regelmäßig rühren. Danach wieder das Fleisch dazugeben.

4 Würzen Sie alles mit Thymian, Lorbeerblättern und Pfeffer. Danach alles mit der Brühe ablöschen und bei kleiner Hitze für 15 Minuten garen. Danach den Deckel auflegen und für etwa 2 Stunden in die Kochkiste geben.

5 Zum Schluss alles mit Salz, Zitronensaft und Curry abschmecken. Dann mit Sauerrahm verfeinern.

GEMISCHTE BOWL MIT HÄHNCHEN UND GEMÜSE

1 Port.

20 Min.

Leicht

Zutaten

150 g Hähnchenfilet (gebraten, aus dem Kühlregal)
150 g Salatgurke
1 Mandarine
5 g frischer Schnittlauch
1 gekochtes Ei
2 EL Magerquark
2 EL Zitronensaft
1 EL Essig
1 TL Senf
½ TL Currypulver
1 Prise Salz
1 Prise schwarzer Pfeffer

Nährwerte p. P.

330 kcal
18 g Kohlenhydrate
7 g Fett
46 g Eiweiß

1 Hacken Sie als Erstes den Schnittlauch fein. Danach die Gurke schälen und in kleine Stücke schneiden. Schälen Sie anschließend die Mandarine und schneiden Sie auch diese in kleine Stücke.

2 Schneiden Sie nun das Hähnchenfilet in kleine Streifen. Geben Sie jetzt das Fleisch, die Mandarine, den Schnittlauch und die Gurke in eine passende Schüssel und vermengen Sie alles.

3 Das Ei in kleine Stücke schneiden und mit dem Quark, dem Zitronensaft, dem Essig, dem Senf und dem Curry in eine kleine Schüssel geben. Das Dressing mit etwas Salz und Pfeffer verfeinern, alles mit in die Bowl geben und vermengen.

4 Garnieren Sie die leckere Hähnchen-Bowl mit frischem Schnittlauch.

SCHINKEN-WRAPS MIT PAPRIKA

4 Port.

15 Min.

Leicht

Zutaten

2 Handvoll Blattsalat
2 Paprikaschoten
150 g saure Sahne
4 EL Mayonnaise
Etwas Limettensaft nach Wunsch
Etwas Salz und weißer Pfeffer
1 TL Meerrettich
4 Tortillas
4 Scheiben Putenschinken

Nährwerte p. P.

202 kcal
32 g Kohlenhydrate
5 g Fett
6 g Eiweiß

1 Waschen Sie den Salat und lassen Sie ihn abtropfen. Danach mit den Händen klein zupfen. Waschen Sie im Anschluss die Paprika und schneiden Sie sie dann in feine Streifen.

2 Verrühren Sie zunächst in einer kleinen Schüssel die saure Sahne, die Mayonnaise, den Limettensaft, das Salz, den Pfeffer und den Meerrettich.

3 Nun die Tortillas mit der Creme bestreichen. Danach die restlichen Zutaten nach Belieben darauf verteilen. Rollen Sie die Wraps dann auf und halbieren Sie sie schräg.

Hauptgerichte mit Fisch

KABELJAU-FILET VOM GRILL

2 Port.

20 Min.

Leicht

Zutaten

2 unbehandelte Limetten
12 kleine Pimientos de Padron
800 g Kabeljau-Filet
1 Zehe Knoblauch
2 Zweige Thymian
4 EL Olivenöl
2 EL Rapsöl
1 TL geröstetes Sesamöl
2 EL Sojasauce
1 EL Tomatenmark
2 EL Sukrin Fibre Syrup Gold
1 TL Meersalz
¼ TL frisch gemahlener bunter Pfeffer

Nährwerte p. P.

385 kcal
9 g Kohlenhydrate
23 g Fett
36 g Eiweiß

1 Als Erstes den Knoblauch schälen und auspressen. Dann den Thymian waschen und in kleine Stückchen hacken. Geben Sie nun den Knoblauch, die Öle, die Sojasauce, den Pfeffer, das Salz, das Tomatenmark sowie Sukrin in eine kleine Schüssel und vermischen Sie alles.

2 Die Limetten dann gründlich waschen und in Achtel schneiden. Waschen Sie nun die Pimientos und schneiden Sie sie in grobe Stücke. Anschließend das Filet waschen und in mundgerechte Stücke teilen.

3 Bestreichen Sie die Stückchen mit 4 EL der Marinade und stecken Sie diese nach und nach mit den Limettenscheiben und den Pimientos auf die Spieße.

4 Legen Sie die Spieße nun unter Wenden für etwa 15 Minuten auf den Grill.

ZARTE DORADE VOM GRILL

2 Port. 30 Min. Leicht

Zutaten

1 ausgenommene und gesäuberte Dorade
1-2 Bio-Zitronen
1-2 Zweige frischer Rosmarin
Etwas Salz und Pfeffer
Etwas Olivenöl

Nährwerte p. P.

250 kcal
5 g Kohlenhydrate
5 g Fett
50 g Eiweiß

1 Als Erstes den Grill vorheizen und anschließend die Dorade gründlich waschen und die Schuppen entfernen. Um den Fisch zu entschuppen, einfach mit einem Küchenkrepp den Schwanz festhalten und dann mit einem Messerrücken gegen die Schuppen streichen.

2 Die Zitronen gründlich waschen und in Scheiben schneiden.

3 Den Fisch nun an beiden Seiten ganz leicht einschneiden, das Fleisch sollte dabei nicht zu sehr eingeschnitten werden. Den Fisch nun gut mit Salz und Pfeffer würzen. Den Rosmarin jetzt in den Fischbauch geben und die Zitronenscheiben hinzufügen.

4 Streichen Sie den Fisch mit etwas Olivenöl ein und legen Sie ihn schließlich für 5 Minuten pro Seite auf den Grill.

LACHS GEFÜLLT MIT CRÈME FRAÎCHE

4 Port.

30 Min.

Leicht

Zutaten

80 g Räucherlachs
100 g Crème fraîche
2 EL Schnittlauchröll-chen
Etwas Salz und Pfeffer
1 TL Zitronensaft
3 Blätter Gelatine
100 ml Schlagsahne, 30 % Fett
200 g Räucherlachs in Scheiben
1 Bund frischer Dill

Nährwerte p. P.

287 kcal
3 g Kohlenhydrate
23 g Fett
17 g Eiweiß

1 Als Erstes die Füllung zubereiten und dafür den Räucherlachs (80 g) in kleine Würfel schneiden. Die Lachswürfel dann mit der Crème fraîche mischen.

2 Danach die Schnittlauchröllchen untermengen und alles mit Salz und Pfeffer verfeinern. Auch den Zitronensaft hinzugeben und alles kurz abschmecken.

3 Weichen Sie im Anschluss die Gelatine in kaltem Wasser ein. Die Gelatine dann in die Lachsmasse einrühren. Alles für 30 Minuten kaltstellen.

4 Nun die Sahne mit einem Schneebesen aufschlagen und unter die Creme mischen. Dann wieder für eine Stunde kaltstellen. 200 g Lachs auf der Arbeitsfläche auslegen und mit der Creme bestreichen.

5 Rollen Sie die Lachsscheiben dann zusammen und garnieren Sie sie mit frischem Dill.

KALTE PIZZA MIT THUNFISCH AUF FLADENBROT

4 Port.

30 Min.

Leicht

Zutaten

250 g Mozzarella
1 Dose Artischockenherzen
2 Dosen Thunfischfilet
7 Tomaten
1 kleine Zwiebel
10 Stängel frisches Basilikum
4 EL weißer Balsamico-Essig
Etwas Salz und Pfeffer
10 EL Olivenöl
1 Prise Zucker
1 rundes Fladenbrot (ca. 500 g)

Nährwerte p. P.

820 kcal
69 g Kohlenhydrate
41 g Fett
38 g Eiweiß

1 Als Erstes den Mozzarella abtropfen lassen. Gießen Sie anschließend den Thunfisch und die Artischocken in einem Sieb ab.

2 Waschen Sie danach die Tomaten und schneiden Sie sie in feine Scheiben. Dann die Zwiebel schälen, in Hälften schneiden und dann in dünne Scheiben teilen. Schneiden Sie danach den Mozzarella klein.

3 Zupfen Sie den Thunfisch in kleine Stückchen und halbieren Sie danach die Artischocken. Nun das Basilikum von den Stielen zupfen.

4 Verrühren Sie in einer kleinen Schüssel den Essig, 4 EL Öl, das Salz, den Pfeffer und den Zucker. Jetzt alle geschnittenen Zutaten mit der Mischung verrühren und dann für eine Viertelstunde ziehen lassen.

5 Das Brot aufschneiden und die Hälften mit etwas Öl bestreichen. Dann den Belag auf den Hälften verteilen.

LACHS-PESCACCIO

4 Port.

15 Min.

Leicht

Zutaten

400 g sehr frisches Lachsfilet
2 Frühlingszwiebeln
4 EL Zitronensaft
1 TL Honig
2 TL frisch geriebener Ingwer
4 EL Traubenkernöl
Etwas Meersalz
2 Handvoll Salat
1 TL rosa Pfefferbeeren

Nährwerte p. P.

284 kcal
3 g Kohlenhydrate
21 g Fett
20 g Eiweiß

1 Als Erstes den frischen Lachs waschen, danach trocken tupfen und im Anschluss in sehr feine Scheiben schneiden. Den Lachs dann auf Tellern auslegen und anschließend gekühlt lagern.

2 Danach die Frühlingszwiebeln putzen, dann waschen und in feine Ringe schneiden.

3 Geben Sie jetzt den Zitronensaft, den Honig, den Ingwer, das Öl und etwas Salz in eine kleine Schale.

4 Danach den Salat waschen und trocken schleudern. Die Frühlingszwiebeln mit dem Dressing vermischen.

5 Servieren Sie den Salat, die Frühlingszwiebeln und den Lachs. Zum Schluss alles mit gemahlenen rosa Pfefferkörnern garnieren.

BOWL MIT THUNFISCH UND WEIẞEN BOHNEN

4 Port.

30 Min.

Leicht

Zutaten

2 Dosen weiße Bohnen
2 Dosen Thunfisch (in Öl eingelegt)
2 Handvoll frischer Rucola
1 kleine Knolle Fenchel
1 kleiner Radicchio
2 EL Basilikum-Pesto
1 Zitrone
1 TL Dijon-Senf
Etwas Salz und Pfeffer

Nährwerte p. P.

360 kcal
15 g Kohlenhydrate
23 g Fett
19 g Eiweiß

1 Als Erstes die Bohnen abgießen und anschließend in eine Schüssel geben. Gießen Sie auch den Thunfisch ab und zupfen Sie ihn etwas klein. Dann mit zu den Bohnen geben.

2 Nun den Rucola, den Radicchio und den Fenchel mit in die Schüssel geben. Im Anschluss das Pesto dazugeben und alles mischen.

3 Zuletzt in einer kleinen Schüssel den Senf, den Zitronensaft, das Salz und den Pfeffer mischen. Das Dressing dann mit in die Thunfisch-Bowl geben und alles abschmecken.

4 Garnieren Sie die Bowl mit etwas frischem Rucola.

Vegetarische Hauptgerichte

BOWL MIT AVOCADO, KARTOFFELN UND FETA

4 Port.

15 Min.

Leicht

Zutaten

400 g Kartoffeln, aus dem Glas
Etwas Salz
½ Salatgurke
½ Bund Radieschen
1 Handvoll Rucola
4 Gewürzgurken
1 Avocado
1 Zweig Majoran
4 EL Joghurt
1 EL Leinöl
Etwas Pfeffer
50 g Feta
2 TL Sonnenblumenkerne

Nährwerte p. P.

202 kcal
32 g Kohlenhydrate
5 g Fett
6 g Eiweiß

1 Zuerst die Salatgurke und die Radieschen waschen und in feine Scheiben schneiden. Danach den Rucola waschen und die Gewürzgurken halbieren und in Scheiben schneiden.

2 Im Anschluss die Avocado halbieren und das Fruchtfleisch in feine Streifen schneiden.

3 Nun kommen wir zum Dip. Dafür einfach die Blättchen vom Majoran fein hacken. Dann den Joghurt, das Öl, Majoran, die Gewürzgurkenwürfel und den Gurkensud mischen. Zuletzt mit Salz und Pfeffer verfeinern.

4 Nun den Feta zerbröseln, die Kartoffeln in Scheiben schneiden und mit den Gurken, den Radieschen und dem Rucola vermengen. Alle Zutaten in eine Bowl füllen und die Avocado, den Feta, die Sonnenblumenkerne und den Dip darübergeben und servieren.

GEFÜLLTE WIRSING-BLÄTTER MIT ROTER BETE

4 Port.

35 Min.

Leicht

Zutaten

8 mittelgroße Wirsingblätter
Etwas Salz
200 g gekochte und geschälte Rote-Bete
2 EL Olivenöl
1 EL Zitronensaft
Etwas Pfeffer
¼ TL Cayennepfeffer
1 gelbe Paprikaschote
1 orangefarbene Paprikaschote
1 Zehe Knoblauch
200 g Schafskäse (9 % Fett)

Nährwerte p. P.

245 kcal
10 g Kohlenhydrate
18 g Fett
11 g Eiweiß

1 Zuerst die Wirsingblätter waschen, dann putzen und trocken tupfen. Breiten Sie die Blätter dann auf der Arbeitsfläche aus.

2 Danach die Rote Bete in feine Stifte schneiden. Im Anschluss die Rote Bete mit Zitronensaft, den 2 EL Öl, etwas Salz, Pfeffer und Cayennepfeffer würzen.

3 Entkernen Sie die Paprika und scheiden Sie sie längs in Streifen. Danach den Knoblauch schälen und fein hacken.

4 Dann den Schafskäse in kleine Stückchen schneiden und gemeinsam mit der Paprika, der Roten Bete, dem Käse und dem Knoblauch auf den Wirsingblättern verteilen.

5 Die Wirsingblätter zu Rouladen zusammenrollen und alles mit Holzstäbchen fixieren.

SANDWICH MIT RICOTTA, ZITRONE UND PAPRIKA VOM GRILL

2 Port. 30 Min. Leicht

Zutaten

2 große Scheiben Sauerteigbrot
250 g Ricotta
1 rote Paprika
1 gelbe Paprika
1 kleine rote Zwiebel
1 Zehe Knoblauch
3 Stängel frisches Basilikum
Abrieb einer unbehandelten Zitrone
Saft einer Zitrone
Etwas Salz und Pfeffer
Etwas Olivenöl

Nährwerte p. P.

460 kcal
45 g Kohlenhydrate
24 g Fett
16 g Eiweiß

1 Zuerst die Zehe Knoblauch schälen und danach fein hacken. Schälen Sie anschließend die Zwiebel. Dann in zwei Hälften schneiden, die eine fein hacken und die andere in feine Ringe schneiden.

2 Waschen Sie nun die Paprika und schneiden Sie sie in Viertel. Die Paprika mit Olivenöl bestreichen und kurz auf den Grill legen.

3 In einer kleinen Schüssel den Ricotta, die Hälfte der Zitronenschale, den Zitronensaft, die Knoblauchwürfel und die Zwiebelwürfel mischen. Dann alles mit Salz und Pfeffer verfeinern.

4 Die Brotscheiben mit etwas Öl bestreichen und dann auch kurz grillen. Das Brot dann mit der Ricotta-Mischung bestreichen und anschließend alles mit Paprika belegen.

5 Das Brot abschließend mit den Zwiebelstreifen, dem Basilikum, dem Pfeffer und der Zitronenschale belegen.

ZIEGENKÄSE MIT GRANATAPFEL UND WALNÜSSEN

2 Port.

15 Min.

Leicht

Zutaten

80 g Walnüsse
3 EL Ahornsirup
Etwas Salz
½ TL roter Pfeffer
½ TL Zimt
150 g gemischter Salat
Die Kerne eines Granatapfels
2 EL getrocknete Preiselbeeren
100 g Ziegenkäse
6 EL Weißweinessig
1 EL Honig
1 EL Dijonsenf
Etwas Salz und Pfeffer
7-8 EL Olivenöl

Nährwerte p. P.

202 kcal
32 g Kohlenhydrate
5 g Fett
6 g Eiweiß

1 Zuerst die Walnüsse ein wenig klein hacken und gemeinsam mit dem Ahornsirup in einer Schüssel vermischen.

2 Nun den Pfeffer zermahlen und mit zu den Walnüssen geben. Dann etwas Salz und Zimt dazugeben und alles mischen.

3 Waschen Sie nun den Salat und lassen Sie ihn trocknen. Danach den Granatapfel halbieren und die Kerne in eine Schüssel füllen. Die Kerne nun mit den getrockneten Preiselbeeren zum Salat geben.

4 Zerbröseln Sie anschließend den Ziegenkäse und geben Sie ihn zu den anderen Zutaten. Jetzt den Weißweinessig, den Honig, den Senf und das Salz sowie den Pfeffer in einer kleinen Schüssel mischen. Zuletzt das Öl hinzugeben und alles dem Gericht hinzufügen.

ORIENTALISCHES TABOULÉ

4 Port. 30 Min. Leicht

Zutaten

250 g gekochter Couscous (gibt es im Supermarkt)
1 großer Bund glatte Petersilie
½ Bund frische Frühlingszwiebeln
3-4 Tomaten
2 kleine Gurken
4-5 Minzblätter
1-2 Zehen Knoblauch
5 EL Olivenöl
3 EL Zitronensaft (oder mehr nach Wunsch)
Etwas Salz und schwarzer Pfeffer
Nach Wunsch Zitronenscheiben und Granatapfelkerne (zum Garnieren)

Nährwerte p. P.

323 kcal
62 g Kohlenhydrate
2 g Fett
11 g Eiweiß

1 Hacken Sie zuerst die Petersilie fein. Danach auch die Minze fein hacken. Im Anschluss die Frühlingszwiebeln in feine Ringe schneiden.

2 Schneiden Sie die Tomaten und die Gurken in kleine Würfel. Den Knoblauch schälen und so klein wie möglich schneiden.

3 Jetzt die Petersilie, die Minze, die Frühlingszwiebeln, die Tomaten, die Gurken und den Knoblauch gemeinsam mit dem gekochten Couscous in eine Schüssel geben und alles miteinander vermischen.

4 Geben Sie den Zitronensaft, das Olivenöl, den Pfeffer und das Salz in eine Schüssel, mischen Sie alles und geben Sie es dann zu den restlichen Zutaten hinzu.

5 Nach Wunsch können Sie das fertige Gericht noch mit frischen Zitronenscheiben und Granatapfelkernen garnieren.

SANDWICH MIT TOMATE UND FETA

2 Port.

15 Min.

Leicht

Zutaten

2 Sandwich-Baguettes
1 frische Tomate
80 g Feta
Etwas frischer Rucola oder anderer Salat
2 TL Frischkäse
1 TL Olivenöl
½ TL Petersilie
Etwas Salz und Pfeffer

Nährwerte p. P.

323 kcal
62 g Kohlenhydrate
2 g Fett
11 g Eiweiß

1 Mischen Sie zunächst den Frischkäse und das Olivenöl in einer kleinen Schüssel. Hacken Sie dann die frische Petersilie fein und geben Sie sie dazu. Abschließend alles mit Salz und Pfeffer abschmecken.

2 Anschließend die Tomate waschen, dann den Strunk abschneiden und alles in kleine Stückchen schneiden. Schneiden Sie auch den Feta in kleine Stücke. Danach den Salat waschen, abtropfen lassen und klein zupfen.

3 Die Baguettes nun aufschneiden und jeweils mit der Frischkäse-Creme bestreichen. Belegen Sie die Baguettes dann mit dem Feta und den Tomaten.

4 Zunächst noch den Salat darauf verteilen, alles zusammenklappen und genießen.

KÄSE-FONDUE MIT PILZEN UND TRÜFFEL

2 Port.

40 Min.

Mittel

Zutaten

1 große Zehe Knoblauch
700 ml trockener Weißwein
5 TL Speisestärke
50 ml Kirschwasser
400 g Gruyère
200 g Trüffel-Käse
300 g Appenzeller oder Bergkäse
500 g Vacherin (Käse)
Etwas Pfeffer
1 ganze Muskatnuss
500 g Champignons
½ Bund Schnittlauch
Etwas eingelegte Trüffel, aus dem Glas

Nährwerte p. P.

930 kcal
4 g Kohlenhydrate
60 g Fett
64 g Eiweiß

1 Putzen Sie zuerst die Champignons und schneiden Sie anschließend die Hälfte in kleine Würfel. Legen Sie die Pilze kurz auf einen Grill oder nehmen Sie alternativ gebratene Pilze aus der Dose.

2 Danach den Schnittlauch in Röllchen schneiden. Schälen Sie anschließend den Knoblauch und reiben Sie den Fondue-Topf damit ein.

3 Nun 3 EL Wein, die Stärke und das Kirschwasser in einer kleinen Schüssel verrühren. Den restlichen Wein in den Fondue-Topf geben und kurz aufkochen lassen.

4 Rühren Sie dann den Käse nach und nach ein. Danach alles einmal aufkochen lassen. Im Anschluss alles mit Pfeffer und Muskatnuss verfeinern.

5 Nun die Pilze und die Schnittlauchröllchen mit in den Topf einrühren. Garnieren Sie das Fondue zum Schluss mit eingelegtem, gehobeltem Trüffel.

FRISCHE TAGLIATELLE

 4 Port.

 2,5 Std.

 Leicht

Zutaten

250 g Mehl
2 Eier
1 EL Salz
4 EL Wasser

Nährwerte p. P.

361 kcal
70 g Kohlenhydrate
2 g Fett
13 g Eiweiß

1 Schlagen Sie zuerst mit einem Schneebesen die Eier auf. Die aufgeschlagenen Eier nun mit Salz und dem Wasser vermengen. Verkneten Sie im Anschluss alle Zutaten mit den Händen. Lassen Sie den Teig im Anschluss für etwa 30 Minuten ruhen und teilen Sie ihn in vier Stücke.

2 Rollen Sie jedes Teil dünn aus, dann auf einem sauberen Tuch für 30 Minuten trocknen lassen.

3 Schneiden Sie die Teiglinge in etwa 4 cm breite Streifen. Die Streifen dann erneut auf einem Tuch trocknen lassen.

4 Geben Sie jetzt 3 l Wasser gemeinsam mit 2 EL Salz und den Nudeln in einen Topf. Dann für etwa 25 Minuten kochen lassen. Danach den Topf verschließen und für eine Stunde in die Kochkiste geben.

TAGLIATELLE AUS MÖHREN

4 Port.

35 Min.

Leicht

Zutaten

50 g Pinienkerne
10 g Basilikum
30 g Parmesan
800 g Möhren
80 g Rucola
3 Stiele frischer Oregano
250 g Kirschtomaten
Etwas Salz und Pfeffer

Nährwerte p. P.

272 kcal
17 g Kohlenhydrate
19 g Fett
9 g Eiweiß

1 Waschen Sie zunächst das Basilikum und hacken Sie es fein. Danach den Parmesan fein reiben.

2 Geben Sie das Basilikum und den Parmesan in einen Mörser und zermahlen Sie beides zusammen.

3 Nun die Möhren mit einem Sparschäler in schmale Streifen schneiden, so dass Tagliatelle daraus werden. Danach den Rucola waschen und gut trocken schleudern.

4 Waschen Sie im Anschluss den Oregano, lassen Sie ihn trocknen und zupfen Sie die Blätter ab. Waschen Sie ebenso die Tomaten und schneiden Sie sie in Viertel.

5 Die Möhren mit Salz und Pfeffer verfeinern und anschließend mit den Pinienkernen und den Tomaten mischen. Danach den Rucola untermischen und alles auf Tellern anrichten. Garnieren Sie alles mit Oreganoblättern und dem frischen Basilikum.

BOLOGNESE MIT LINSEN AUS DER KOCHKISTE

 4 Port.
 35 Min.
 Leicht

Zutaten

200 g rote oder gelbe Linsen
1 kleine Zwiebel
2 Knoblauchzehen
2 Karotten
500 g Tomatensugo
320 g Nudeln
Optional: etwas Parmesan
1 EL Olivenöl
Etwas Salz und Pfeffer
Etwas Italienische Kräuter

Nährwerte p. P.

272 kcal
17 g Kohlenhydrate
19 g Fett
9 g Eiweiß

1 Kochen Sie die Nudeln nach Packungsanleitung.

2 Schälen Sie als Erstes die Zwiebel, die Knoblauchzehen und die Karotten. Danach alles in kleine Würfel schneiden. Dünsten Sie dann alles in Öl an. Danach die Linsen dazugeben. Nach ein paar Minuten die Tomatensugo und das Wasser dazugeben.

3 Nun noch die Italienischen Kräuter dazugeben und für etwa 20 Minuten köcheln lassen. Verschließen Sie den Topf und geben Sie alles für etwa 1,5 Stunden in die Kochkiste.

4 Schmecken Sie die Bolognese zuletzt mit Salz und Pfeffer ab und bestreuen Sie alles mit Parmesan.

ROGGENBROT MIT ZIEGENKÄSE-HONIG-BELAG

4 Port.

15 Min.

Leicht

Zutaten

120 g Ziegenfrischkäse
Etwas Salz und Pfeffer
1 EL Zitronensaft
3 Zweige frischer Thymian
4 Roggen-Vollkornbrotscheiben
60 g Walnusskerne
2 EL flüssiger Honig

Nährwerte p. P.

294 kcal
31 g Kohlenhydrate
15 g Fett
8 g Eiweiß

1 Zunächst den Frischkäse, das Salz, den Pfeffer und den Zitronensaft vermischen.

2 Nun den Thymian waschen und klein hacken. Rühren Sie die Hälfte mit in den Frischkäse.

3 Halbieren Sie nun die Brotscheiben und bestreichen Sie sie mit dem Frischkäse.

4 Hacken Sie die Nüsse klein und geben Sie sie gemeinsam mit dem Thymian auf den Frischkäse.

5 Beträufeln Sie zuletzt alles mit dem flüssigen Honig.

EINFACHES BRUSCHETTA MIT CIABATTA-BROT

4 Port.

20 Min.

Leicht

Zutaten

4 EL Walnusskerne
100 g Feldsalat
1 kleine rote Zwiebel
150 g rote Weintrauben
4 Wraps
100 g Ziegenfrischkäse
Etwas Pfeffer

Nährwerte p. P.

292 kcal
30 g Kohlenhydrate
15 g Fett
9 g Eiweiß

1 Hacken Sie die Walnüsse klein. Danach den Feldsalat waschen und abtropfen lassen. Schälen Sie danach die Zwiebel und schneiden Sie sie anschließend in feine Ringe.

2 Entfernen Sie die Stiele von den Weintrauben, waschen Sie sie und schneiden Sie sie in Hälften.

3 Bestreichen Sie nun jeden Wrap mit etwas Frischkäse und streuen Sie ein wenig Pfeffer darauf.

4 Dann die Zwiebel, den Salat, die Weintrauben und die Walnüsse hinzugeben und alles vorsichtig zusammenrollen. Je nach Wraps können Sie diese auch noch halbieren.

GEFÜLLTE GURKEN MIT RADIESCHEN-QUARK

4 Port.

35 Min.

Leicht

Zutaten

1 rote Paprika
6 Radieschen
1 Handvoll Dill
80 g Quark
3 EL Schlagsahne
Etwas Salz und Pfeffer
1 große Salatgurke

Nährwerte p. P.

74 kcal
5 g Kohlenhydrate
4 g Fett
4 g Eiweiß

1 Waschen Sie die Paprika, entfernen Sie die Kerne und schneiden Sie sie in sehr kleine Würfel.

2 Waschen Sie anschließend die Radieschen und schneiden Sie ein Radieschen in feine Scheiben. Die übrigen Radieschen fein raspeln.

3 Nun den Dill abwaschen, trocknen lassen und fein hacken.

4 Geben Sie die Paprika, die Radieschenraspel, den Dill, die Sahne und den Quark in eine Schüssel und verfeinern Sie alles mit Salz und Pfeffer. Dann mischen und abschmecken.

5 Im Anschluss die Gurke waschen und in schräge Scheiben schneiden, die ca. 2 cm dick sind. Höhlen Sie die Scheiben mit einem kleinen Löffel aus, es soll jedoch noch etwas Boden bleiben.

6 Die Füllung in die Gurken geben und alles abschließend mit einer Scheibe Radieschen garnieren.

WRAPS NACH ORIENTALISCHER ART

4 Port.

1 Std. 20 Min.

Leicht

Zutaten

250 g Rinderhackfleisch
2 rote Zwiebeln
2 Zehen Knoblauch
50 g Rosinen
5 EL Olivenöl
200 g Rotkohl
Etwas Salz, Pfeffer, Curry, Zucker und Zimt
1 Bio-Zitrone
250 g Kichererbsen
175 g Käsescheiben
4 Wraps

Nährwerte p. P.

798 kcal
65 g Kohlenhydrate
43 g Fett
35 g Eiweiß

1 Braten Sie das Hackfleisch kurz an, z. B. in einem Spirituskocher oder Sie verwenden eine der anderen Möglichkeiten, ohne Strom zu braten.

2 Danach die Zwiebeln und den Knoblauch schälen und alles in kleine Stückchen schneiden. Geben Sie danach die Zwiebeln, den Knoblauch und die Rosinen zum Hackfleisch dazu. Alles ca. 5 Minuten braten lassen.

3 Jetzt den Rotkohl nach dem Waschen in dünne Streifen schneiden und anschließend in eine große Schüssel füllen. Geben Sie das Hackfleisch zum Rotkohl und verfeinern Sie alles mit den oben genannten Gewürzen.

4 Danach die Zitrone waschen, die Schale abreiben und anschließend den Saft auspressen. Geben Sie die Schale und den Saft in eine Schüssel und fügen Sie anschließend die Kichererbsen hinzu.

5 Dann das Öl dazugeben, genauso wie etwas Salz, Pfeffer und Curry. Dann alles mit einer Gabel oder einem Küchenstampfer zu einem Dip zerdrücken.

6 Den Käse in Streifen schneiden. Die Wraps mit dem Dip, der Hack-Mischung und dem Käse belegen und servieren.

RISOTTO MIT BÄRLAUCH AUS DER KOCHKISTE

4 Port.

45 Min.

Leicht

Zutaten

½ kg Dinkelreis
2 kleine gehackte Zwiebeln
1 große gewürfelte Karotte
2 g Butter oder ein wenig Öl
200 ml trockener Weißwein
¼ l Suppe
8 g Bärlauchbutter
15 g geriebener Bergkäse

Nährwerte p. P.

345 kcal
76 g Kohlenhydrate
1 g Fett
7 g Eiweiß

1 Dünsten Sie als Erstes die Zwiebeln und die Karotte in Butter an. Danach den Reis hinzugeben und ebenfalls andünsten.

2 Löschen Sie anschließend alles mit dem Weißwein ab und füllen Sie es mit der Suppe auf. Lassen Sie alles für etwa 15-20 Minuten köcheln.

3 Danach den Topf verschlossen in die Kochkiste stellen und etwa zwei Stunden warten, bis alles gar ist.

4 Geben Sie ganz zum Schluss den Bärlauch und den Bergkäse hinzu und rühren Sie alles einmal um.

SAFTIGE DATTELN GEFÜLLT MIT FRISCHKÄSE

8 Port.

20 Min.

Leicht

Zutaten

150 g Ziegenfrischkäse
1 TL Zitronensaft
1 TL Honig
Etwas Salz und Pfeffer
¼ TL gemahlener Koriander
¼ TL gemahlener Kreuzkümmel
8 große getrocknete Datteln, ohne Stein
8 halbe Walnusskerne
½ Bund Schnittlauch

Nährwerte p. P.

83 kcal
5 g Kohlenhydrate
6 g Fett
3 g Eiweiß

1 Zuerst den Frischkäse gemeinsam mit dem Zitronensaft und dem Honig in einer kleinen Schüssel verrühren. Im Anschluss mit Salz, Kümmel, Koriander und etwas Pfeffer mischen und abschmecken.

2 Füllen Sie jede Dattel mit 1 TL Frischkäse. Danach je eine halbe Walnuss dazugeben und alles auf einer Platte anrichten.

3 Waschen Sie den Schnittlauch, lassen Sie ihn trocknen und schneiden Sie ihn in feine Ringe. Danach die Datteln damit garnieren.

Vegane Hauptgerichte

GEGRILLTE KARTOFFELSPIEẞE

3 Port.

20 Min.

Leicht

Zutaten

3 Kartoffeln
Etwas geräucherter Bauchspeck
1 Zwiebel
Etwas Salz und Pfeffer
Holzspieße
Alufolie

Nährwerte p. P.

353 kcal
48 g Kohlenhydrate
15 g Fett
11 g Eiweiß

1 Zuerst die Kartoffeln schälen und in feine Scheiben schneiden. Schälen Sie die Zwiebel und schneiden Sie sie danach in feine Ringe. Im Anschluss den Speck in dünne Scheiben schneiden.

2 Stecken Sie jetzt nach und nach die geschnittenen Zutaten auf die Spieße und wickeln Sie die Spieße dann in Alufolie ein. Lassen Sie die Spieße dann für 15 Minuten auf dem Grill garen.

3 Nach Belieben können Sie die Spieße noch mit Salz und Pfeffer verfeinern.

GRILLGEMÜSE

4 Port.

1 Std.

Leicht

Zutaten

600 g kleine Kartoffeln
1 rote Zwiebel
1 weiße Zwiebel
1 Zucchini
1 kleine Aubergine
1 rote Paprikaschote
1 gelbe Paprikaschote
250 g braune Champignons
200 g bunte Kirschtomaten
2 Zehen Knoblauch
2-3 Stiele frische Petersilie
3 EL Olivenöl
1 EL getrockneter Rosmarin
1 getrockneter Thymian
Etwas Pfeffer und Salz

Nährwerte p. P.

353 kcal
48 g Kohlenhydrate
15 g Fett
11 g Eiweiß

1 Waschen Sie als Erstes die Kartoffeln gründlich ab. Die Kartoffeln dann mit Schale in sehr kleine Stückchen schneiden. Dann die Zwiebeln schälen und in dünne Spalten schneiden.

2 Waschen Sie danach die Zucchini und schneiden Sie sie in dünne Scheiben. Im Anschluss die Aubergine waschen und auch in Scheiben schneiden. Die Paprika entkernen und anschließend in feine Streifen schneiden. Nun die Pilze säubern und in Viertel schneiden. Die Tomaten werden nach dem Waschen halbiert.

3 Hacken Sie den Knoblauch fein. Danach die Petersilie waschen und auch fein hacken. Mischen Sie dann das Olivenöl, die Petersilie, den Knoblauch, den Rosmarin, das Salz, den Pfeffer und den Thymian in einer kleinen Schüssel.

4 Das gesamte Gemüse nun mit der Marinade vermischen und alles für etwa 30 Minuten gut ziehen lassen.

5 Das Gemüse nun in eine Grillschale geben und für etwa 10-15 Minuten auf dem Grill garen lassen. Das Gemüse sollte dann noch bissfest sein.

GRÜNE BOWL MIT GURKEN NACH CHINESISCHER ART

3 Port.

40 Min.

Leicht

Zutaten

350 g Gurken
½ TL Salz
2 EL Koriander
1 rote Zwiebel
2 Zehen Knoblauch
2 TL Ingwer
1 EL Reisessig
1 EL geröstetes Sesamöl
1 EL Sojasauce
2 TL Agavendicksaft
Etwas Paprikapulver
Frühlingszwiebeln
Chiliflocken
Sesamsamen oder Erdnüsse

Nährwerte p. P.

66 kcal
8 g Kohlenhydrate
4 g Fett
1 g Eiweiß

1 Zerdrücken Sie zuerst die Gurke mit einem Nudelholz, so dass sie an der Schale aufspringt. Die offene Gurke dann in grobe Stücke schneiden. Füllen Sie die Gurke dann in ein Sieb und bestreuen Sie sie mit Salz. Die Gurke dann für 30 Minuten abtropfen lassen.

2 Für das Dressing den Knoblauch in eine kleine Schüssel pressen. Dann den Ingwer fein reiben und dazugeben. Danach den Reisessig, das Sesamöl, die Sojasauce und den Agavendicksaft dazugeben.

3 Die Gurken nach dem Abgießen in eine große Schüssel geben. Den Koriander klein hacken und die Zwiebel klein schneiden. Beides gemeinsam mit dem Dressing zu den Gurken geben.

4 Garnieren Sie die Gurken-Bowl mit Paprikapulver, Zwiebeln, Chiliflocken, Sesamsamen, Frühlingszwiebeln und nach Belieben mit anderen Zutaten.

BOWL MIT KICHERERBSEN UND QUINOA

2 Port.

25 Min.

Leicht

Zutaten

½ Tasse fertige Quinoa (gibt es im Supermarkt)
1 Päckchen gemischter Salat
150 g Kirschtomaten
1 gelbe Paprika
4 Mini-Gurken
½ Dose Kichererbsen
10 Oliven
½ rote Zwiebel
160 g Dip nach Wahl
100 g veganer Feta
Ein paar Sesamsamen
Frische Kräuter nach Belieben

Nährwerte p. P.

353 kcal
48 g Kohlenhydrate
15 g Fett
11 g Eiweiß

1 Waschen Sie die Tomaten und schneiden Sie sie klein. Danach die Paprika waschen und in Würfel schneiden. Den gemischten Salat gründlich waschen.

2 Entkernen Sie die Oliven und schälen Sie die Zwiebel. Die Zwiebel dann in feine Ringe schneiden.

3 Geben Sie nun die Quinoa in eine Ecke der ausgewählten Schüssel. Anschließend nach und nach das Gemüse hinzugeben.

4 Den ausgewählten Dip in die Mitte der Bowl geben und alles mit den Zwiebeln, den Oliven und dem Feta verfeinern.

5 Garnieren Sie die leckere Bowl zum Schluss mit frischen Kräutern und Sesam.

BOWL MIT VERSCHIEDENEN GEMÜSENUDELN

4 Port.

25 Min.

Leicht

Zutaten

150 g Brokkoli
1 große Mango (etwa 500 g)
3 Möhren
1 große Zucchini
2 Staudensellerie
2 rote Paprika
1 roter Apfel
2 Avocados
200 g Eisbergsalat
Saft von 2 Limetten
1 Prise gemahlener Kreuzkümmel
Etwas Salz und Pfeffer
4 EL Olivenöl
15 g gemischte Sesamsamen
1 Prise Chiliflocken

Nährwerte p. P.

465 kcal
46 g Kohlenhydrate
26 g Fett
9 g Eiweiß

1 Putzen und waschen Sie als Erstes den Brokkoli und schneiden Sie ihn in Streifen. Danach die Mango schälen und das Fruchtfleisch in Streifen schneiden. Putzen Sie die Möhren und die Zucchini und schneiden Sie beides mit einem Spiralschneider zu Nudeln.

2 Danach den Sellerie und die Paprikaschoten säubern und anschließend in feine Streifen schneiden. Waschen Sie jetzt den Apfel, entkernen Sie ihn dann und schneiden Sie ihn in feine Scheiben. Halbieren Sie die Avocados, entkernen Sie sie und schneiden Sie sie in dünne Spalten. Danach den Salat gründlich waschen, abtrocknen lassen und in Streifen schneiden.

3 Geben Sie nun alle Zutaten in eine Schüssel. In einer kleinen Schüssel den Limettensaft, den Kreuzkümmel, das Salz, den Pfeffer und das Olivenöl mischen und mit zu den Gemüsenudeln geben. Das Gericht anrichten und mit Sesamsamen und Chiliflocken garnieren.

ZIEGENKÄSE MIT NÜSSEN, APFEL UND KOHLRABI

4 Port.

20 Min.

Leicht

Zutaten

2 junge Knollen Kohlrabi
2 kleine Äpfel
Saft einer Zitrone
2 EL Walnussöl
Etwas Salz
1 Prise Kokosblütenzucker
50 g Rucola
50 g Walnusskerne
100 g Ziegenweichkäse
4 EL getrocknete Cranberries
Etwas Kräutersalz
Etwas Pfeffer
1 Vollkorn-Baguette

Nährwerte p. P.

492 kcal
55 g Kohlenhydrate
22 g Fett
15 g Eiweiß

1 Schälen Sie den Kohlrabi. Danach die Äpfel waschen, in Viertel schneiden und die Kerne entfernen.

2 Drehen Sie jetzt den Kohlrabi durch den Spiralschneider.

3 Nun das Dressing anrühren und dafür den Zitronensaft, das Öl, eine Prise Salz und den Zucker in einer kleinen Schüssel mischen.

4 Waschen Sie jetzt den Rucola und lassen Sie ihn trocknen. Nun die Nüsse grob klein hacken und mit den Händen den Käse zerkleinern.

5 Den Rucola, die Äpfel und den Kohlrabi mischen und auf Teller aufteilen. Das Dressing darübergeben und zum Schluss alles mit Nüssen, Käse und Cranberries garnieren.

6 Alles mit Kräutersalz und etwas Pfeffer verfeinern und dazu etwas Vollkorn-Baguette reichen.

WRAPS MIT KICHERERBSEN UND AVOCADO

2 Port.

25 Min.

Leicht

Zutaten

160 g Kichererbsen
½ Bund frische Petersilie
1 Avocado
80 g Salatgurke
2 Möhren
4 Wraps
Etwas Salz und Pfeffer

Nährwerte p. P.

389 kcal
49 g Kohlenhydrate
16 g Fett
13 g Eiweiß

1 Gießen Sie im ersten Schritt die Kichererbsen ab, waschen Sie sie und lassen Sie sie abtropfen.

2 Danach die Petersilie waschen, dann trocknen lassen und grob klein hacken. Nun die Avocado entkernen und dann in kleine Würfel schneiden.

3 Anschließend die Möhren und die Salatgurke waschen. Danach die Möhre schälen und klein raspeln. Die Gurke wird in feine Scheiben geschnitten.

4 Belegen Sie einen Teil der Wraps mit den Kichererbsen. Diese etwas mit der Gabel zerdrücken und mit der gehackten Petersilie bestreuen. Dann die Avocado auf die Wraps geben und auch diese mit einer Gabel zerdrücken.

5 Dann noch die Möhre und die Gurke dazugeben und alles mit Salz und Pfeffer verfeinern. Die Wraps zusammenrollen und servieren.

Snacks / Fingerfood

RÖLLCHEN MIT FRISCHKÄSE UND LACHS

1 Port.

30 Min.

Leicht

Zutaten

2 Weizen-Wraps
1 große Handvoll Rucola
3 Stängel frischer Dill
200 g Kräuterfrischkäse
200 g Räucherlachs
Pfeffer

Nährwerte p. P.

187 kcal
28 g Kohlenhydrate
7 g Fett
8 g Eiweiß

1 Legen Sie als Erstes die Wraps bereit.

2 Waschen Sie danach den Rucola und den Dill. Danach beides fein hacken.

3 Nun den Frischkäse gemeinsam mit dem Rucola und dem Dill vermischen. Dann mit etwas Pfeffer verfeinern.

4 Bestreichen Sie jetzt einen Wrap mit dem Frischkäse und verteilen Sie ein paar Blättchen Rucola darauf.

5 Verteilen Sie dann auch jeweils die Hälfte vom Lachs darauf. Rollen Sie im Anschluss alles zu einer Rolle zusammen.

6 Die Rolle nun in kleinere Häppchen schneiden und bis zum Servieren in den Kühlschrank stellen – oder im Winter auf den Balkon.

Tipp: Bei Bedarf können Sie die Röllchen mit Zahnstochern fixieren.

SNACK MIT CHICORÉE UND AVOCADO

4 Port.

20 Min.

Leicht

Zutaten

2 Chicorée
1 Zwiebel
2 Avocados
2 Tomaten
1 rote Paprika
5 g Koriander
1 Prise gemahlener Kreuzkümmel
1 Prise Cayennepfeffer
Etwas Salz
2 EL Olivenöl

Nährwerte p. P.

190 kcal
11 g Kohlenhydrate
11 g Fett
3 g Eiweiß

1 Als Erstes den Chicorée putzen. Danach in einzelne Blätter zerteilen und waschen. Schälen Sie dann die Zwiebel und würfeln Sie sie fein.

2 Im Anschluss die Avocados entkernen und in Würfel schneiden. Waschen Sie auch die Tomaten und schneiden Sie sie in kleine Stückchen. Auch die Paprika waschen und in kleine Würfel schneiden.

3 Geben Sie das geschnittene Gemüse in eine Schüssel. Den Koriander fein hacken und gemeinsam mit dem Kreuzkümmel, dem Cayennepfeffer, dem Salz und dem Öl vermischen.

4 Verteilen Sie die Chicoréeblättchen auf einer Platte und füllen Sie sie mit der Gemüse-Füllung, so dass kleine Schiffchen entstehen.

5 Die Schiffchen mit gehacktem Koriander garnieren.

MÖHREN AUF AVOCADODIP

4 Port.

25 Min.

Leicht

Zutaten

3 Möhren
3 EL Olivenöl
½ TL gemahlener Kreuzkümmel
½ TL gemahlener Koriander
1 EL Honig
2 EL Apfelessig
3 EL Zitronensaft
Etwas Salz und Chilipulver
1 Zehe Knoblauch
200 g Avocado
100 g Kichererbsen
15 g Tahini
½ Salatgurke
30 g Zwiebeln
3 Stiele frische Minze

Nährwerte p. P.

241 kcal
18 g Kohlenhydrate
17 g Fett
5 g Eiweiß

1 Als Erstes die Möhren schälen und dann in feine Scheiben schneiden. Danach den Kreuzkümmel und den Koriander zu den Möhren geben und alles mit dem Honig beträufeln. Im Anschluss noch mit Essig, 2 EL Zitronensaft, etwas Salz und Chilipulver verfeinern.

2 Schälen Sie jetzt den Knoblauch und schneiden Sie ihn in kleine Würfel.

3 Nun die Avocado klein würfeln und die Kichererbsen dazugeben. Beides gründlich mit einer Gabel zu einem Dip zerdrücken. Danach das Öl dazugeben, genauso wie den übrigen Zitronensaft, den Knoblauch, etwas Salz und Tahini.

4 Anschließend die Gurke waschen und in feine Scheiben schneiden. Danach die Zwiebeln schälen und in kleine Würfel schneiden. Waschen Sie die Minze und zupfen Sie die Blätter ab.

5 Füllen Sie die fertige Avocadocreme in Gläser und geben Sie die übrigen Zutaten darüber.

GOUDA-RÖLLCHEN MIT FRISCHKÄSE

1 Port. 30 Min. Leicht

Zutaten

150 g Frischkäse mit Kräutern
200 g Frischkäse, Natur
50 g Speck oder Schinken
2 hartgekochte Eier
2 Zwiebeln
80 g Gouda (6 Scheiben)
2 EL Schnittlauch in Röllchen
Etwas Salz und Pfeffer
Etwas Currypulver
2 Päckchen Pumpernickel
Etwas Butter

Nährwerte p. P.

187 kcal
28 g Kohlenhydrate
7 g Fett
8 g Eiweiß

1 Schneiden Sie als Erstes den Speck oder den Schinken in kleine Würfel. Danach die Eier in kleine Stücke schneiden. Schneiden Sie auch die Zwiebeln in kleine Würfel.

2 Nun den Frischkäse und den Schnittlauch gemeinsam mit Salz, Pfeffer und Currypulver mischen.

3 Bestreichen Sie jetzt die Käsescheiben mit der Frischkäse-Mischung.

4 Nun alles zusammenrollen und in Alufolie einwickeln. Das Ganze dann über Nacht kaltstellen.

5 Danach jede Käse-Rolle in kleinere Röllchen schneiden. Servieren Sie dazu das Brot mit Butter bestrichen.

RÖLLCHEN AUS GURKEN MIT FRISCHKÄSE

12 Port.

30 Min.

Leicht

Zutaten

2 Salatgurken
50 g Pecorino
100 g Joghurt (1,5 % Fett)
250 g Frischkäse
Etwas Salz und Pfeffer
100 g schwarze entsteinte Oliven
100 g getrocknete Tomaten
½ Bund frischer Thymian

Nährwerte p. P.

131 kcal
3 g Kohlenhydrate
11 g Fett
5 g Eiweiß

1 Waschen Sie die Gurken und schneiden Sie diese längs in sechs dünne Scheiben. Die Scheiben anschließend auf Ihrer Arbeitsfläche ausbreiten.

2 Nun den Pecorino fein reiben und dann gemeinsam mit dem Joghurt und dem Frischkäse verrühren. Anschließend noch mit Salz und Pfeffer würzen.

3 Verstreichen Sie danach die Frischkäsecreme auf den Gurkenscheiben.

4 Nun die Oliven und die Tomaten fein hacken. Waschen Sie im Anschluss den Thymian und schneiden Sie ihn klein.

5 Garnieren Sie die Gurken mit Thymian, Tomaten und Oliven. Danach alles auf einer Platte anrichten.

MEDITERRANES CIABATTA

4 Port.

20 Min.

Leicht

Zutaten

8 Scheiben Ciabatta-Brot
3-4 reife Tomaten
2 Zehen Knoblauch
3-4 EL Olivenöl
12 frische Basilikumblätter
Etwas Salz und schwarzer Pfeffer

Nährwerte p. P.

187 kcal
28 g Kohlenhydrate
7 g Fett
8 g Eiweiß

1 Legen Sie zuerst die Brotscheiben auf den Grill und rösten Sie sie kurz an. Davor können Sie die Brotscheiben mit etwas Olivenöl bestreichen.

2 Danach die Knoblauchzehen schälen. Im Anschluss die Tomaten waschen, halbieren, die Kerne entfernen und dann in sehr kleine Würfel schneiden.

3 Waschen Sie im Anschluss die Basilikumblätter und trocknen Sie sie gut mit einem Küchenpapier ab.

4 Die Brotscheiben nun mit dem Knoblauch einreiben und dann mit etwas Olivenöl beträufeln.

5 Nun die kleinen Tomatenwürfel auf den Brotschreiben verteilen und danach etwas Öl dazugeben. Dann mit Salz und Pfeffer würzen und frisch servieren.

BÄLLCHEN MIT FRISCHKÄSE UND SCHNITTLAUCH

4 Port.

20 Min.

Leicht

Zutaten

100 g Ziegenfrischkäse
200 g Frischkäsezubereitung (0,2 % Fett)
Etwas Salz und Pfeffer
1 Spritzer frische Zitrone
1 Bund Schnittlauch
Kleine Holzspieße

Nährwerte p. P.

20 kcal
1 g Kohlenhydrate
1 g Fett
2 g Eiweiß

1 Geben Sie die beiden Frischkäse in eine Schale und vermischen Sie sie. Danach das Salz, den Pfeffer und einen Spritzer frische Zitrone dazugeben.

2 Waschen Sie anschließend den Schnittlauch und lassen Sie ihn trocknen. Danach den Schnittlauch in Röllchen schneiden.

3 Rollen Sie jetzt 16 Bällchen aus der Frischkäsemasse und wälzen Sie die Bällchen anschließend in den Schnittlauchröllchen.

4 Stecken Sie die Bällchen zuletzt nach und nach auf kleine Holzspieße.

SÜẞKARTOFFEL-TOAST VOM GRILL

2 Port.

20 Min.

Leicht

Zutaten

300 g Süßkartoffeln
1 kleine Zehe Knoblauch
200 g Kichererbsen
1 EL Olivenöl
1 EL Tahini
1 Spritzer Zitronensaft
½ TL gemahlener Kreuzkümmel
½ TL rosenscharfes Paprikapulver
Etwas Salz und Pfeffer
1 kleine Knolle Rote Bete
40 g Spinat
1 TL Schwarzkümmel

Nährwerte p. P.

415 kcal
61 g Kohlenhydrate
13 g Fett
13 g Eiweiß

1 Schälen Sie im ersten Schritt die Süßkartoffeln. Danach waschen und in Scheiben schneiden. Die Scheiben kurz auf den Grill legen, bis die Süßkartoffeln gar sind.

2 In der Zwischenzeit den Knoblauch schälen und in eine kleine Schüssel pressen. Gießen Sie danach die Kichererbsen ab und geben Sie sie mit in die Schüssel.

3 Dann Öl, Zitronensaft, Tahini, Kreuzkümmel, Paprikapulver und 2 EL Wasser in eine Schüssel geben. Zerdrücken Sie alles mit einer Gabel oder einem Küchenstampfer zu einem Aufstrich. Dann alles mit etwas Salz und Pfeffer verfeinern.

4 Schneiden Sie die Rote Bete in feine Scheiben.

5 Die Süßkartoffelscheiben vom Grill nehmen, mit dem Aufstrich bestreichen und mit Roter Bete und Spinat belegen.

6 Garnieren Sie den Snack mit etwas Schwarzkümmel.

KÖRNIGER FRISCHKÄSE MIT GEMÜSESTICKS

4 Port.

25 Min.

Leicht

Zutaten

1 kg gemischte Rohkost (z. B. Gurken, Paprika, Möhren etc.)
10 g frischer Schnittlauch (etwa ein halbes Bund)
1 Zehe Knoblauch
500 g Hüttenkäse
1 Spritzer Zitronensaft
Etwas Salz

Nährwerte p. P.

180 kcal
12 g Kohlenhydrate
6 g Fett
18 g Eiweiß

1 Waschen Sie als Erstes das Gemüse und schälen Sie es. Schneiden Sie das Gemüse in etwa 5 cm lange Streifen.

2 Waschen Sie anschließend den frischen Schnittlauch und schneiden Sie ihn dann in feine Ringe. Im Anschluss den Knoblauch schälen und danach fein hacken.

3 Vermengen Sie den Knoblauch in einer kleinen Schüssel mit dem Hüttenkäse und dem Schnittlauch.

4 Den Dip zuletzt mit dem frisch gepressten Zitronensaft und etwas Salz abschmecken und dann gemeinsam mit den Gemüse-Stückchen servieren.

5 Nach Belieben den Dip mit etwas Schnittlauch garnieren.

Desserts

CREMIGER CHEESECAKE OHNE BACKEN

 1 Port.

 2,5 Std.

 Leicht

Zutaten

200 g Frischkäse
150 g Naturjoghurt
250 g Mascarpone
200 g Butterkekse
80 g geschmolzene Butter
1 Päckchen Vanillezucker
Etwas abgeriebene Zitronenschale (Bio)
Nach Wunsch etwas Puderzucker
Nach Belieben Früchte (zum Garnieren)

Nährwerte p. P.

280 kcal
31 g Kohlenhydrate
15 g Fett
6 g Eiweiß

1 Als Erstes werden die Kekse richtig zerkleinert. Dafür können Sie die Kekse in einen Gefrierbeutel geben und mit einem Gegenstand auf diese schlagen.

2 Danach die Kekse mit der warmen Butter vermengen, bis eine geschmeidige Masse entsteht. Legen Sie nun eine Backform mit Backpapier aus und füllen Sie die Keks-Butter-Masse hinein. Dann gleichmäßig mit einem Löffel verteilen. Die Form dann erst einmal in den Kühlschrank stellen.

3 In der Zwischenzeit den Frischkäse, die Mascarpone, den Joghurt, den Zitronenabrieb, den Vanillezucker und nach Wunsch etwas Puderzucker in einer Schüssel kräftig mit einem Schneebesen vermischen.

4 Die Mischung nun auf dem Keksboden verteilen und alles zu einem Kuchen formen. Dann kommt der leckere Kuchen für etwa zwei Stunden in den Kühlschrank, damit auch alles schön fest wird. Im Winter können Sie den Kuchen auch einfach auf den Balkon stellen, um auch hier Strom zu sparen.

5 Nach Wunsch können Sie den fertigen Cheesecake nun noch mit Früchten Ihrer Wahl garnieren.

CREME MIT STRACCIATELLA AUS DEM GLAS

8 Port.

2,5 Std.

Leicht

Zutaten

250 g Mascarpone
50 g Puderzucker
200 g Joghurt
200 ml Schlagsahne
4 EL Schokoraspel
8 Himbeeren
8 Zitronenmelisse-Blätter

Nährwerte p. P.

280 kcal
31 g Kohlenhydrate
15 g Fett
6 g Eiweiß

1 Geben Sie zunächst die Mascarpone und den Puderzucker in eine Schüssel und vermengen Sie beides kräftig mit einem Schneebesen. Danach ebenso den Joghurt dazugeben.

2 Danach die Schlagsahne mit dem Schneebesen aufschlagen und anschließend vorsichtig unter die Mascarpone heben.

3 Zunächst werden noch die Schokoraspel untergemischt.

4 Verteilen Sie die Creme auf acht kleine Gläschen und garnieren Sie jedes Glas mit einer Himbeere und einem Blättchen Zitronenmelisse. Lagern Sie die Creme bis zum Servieren im Kühlschrank oder im Winter draußen.

KÄSEKUCHEN MIT MANGO AUS DEM GLAS

6 Port.

20 Min.

Leicht

Zutaten

12 Kekse
40 g gehobelte Mandeln
Saft einer ausgepressten Limette
2 frische Mangos
300 g Frischkäse
1 TL Vanilleextrakt
50 g Zucker
100 g Sahne

Nährwerte p. P.

278 kcal
39 g Kohlenhydrate
10 g Fett
4 g Eiweiß

1 Zerkrümeln Sie als Erstes die Kekse. Danach die Mangos schälen und dann in kleine Würfel schneiden. Die kleinen Würfel gemeinsam mit dem Limettensaft mit einem Küchenstampfer zu einem feinen Püree verarbeiten.

2 Jetzt den Frischkäse, den Zucker und das Vanilleextrakt mit einem Schneebesen schaumig schlagen. Danach ebenso die Sahne steif schlagen und vorsichtig unterheben.

3 Geben Sie jeweils zuerst das Mangopüree in sechs Gläser, danach die Frischkäse-Mischung dazugeben. Zum Schluss die Kekse darübergeben und die gehobelten Mandeln als Dekoration verwenden. Stellen Sie alles am besten für etwa eine Stunde in den Kühlschrank.

SCHICHTDESSERT

6 Port. 20 Min. Leicht

Zutaten

1 kg rote Grütze aus dem Kühlregal
500 g Magerquark
1 Becher Sahne (200 g)
5 EL Vanillezucker
8 EL Schokoraspel

Nährwerte p. P.

298 kcal
33 g Kohlenhydrate
10 g Fett
14 g Eiweiß

1 Füllen Sie die rote Grütze in eine Schale (am besten eine Glasschüssel).

2 Schlagen Sie nun mit einem Schneebesen die Sahne steif und geben Sie nach und nach den Vanillezucker dazu. Danach den Magerquark dazugeben und alles gut vermischen.

3 Im Anschluss die Quark-Masse auf der roten Grütze verstreichen. Geben Sie zuletzt die Schokoraspel auf den Nachtisch.

TORTE MIT ÄPFELN NACH SCHWEDISCHER ART MIT TEELICHTKOCHER

1 Port.

30 Min.

Leicht

Zutaten

150 g Amarettini
150 g Butter
100 g Vollkorn-Butterkekse
1 kg Äpfel
Saft einer Zitrone
150 g Zucker
1 Päckchen Vanillezucker
1 Päckchen Mandelpuddingpulver
2 Eier (Größe M)
150 ml Wasser
Nach Wunsch Schokoraspel
Nach Belieben Schokodekor

Nährwerte p. P.

278 kcal
39 g Kohlenhydrate
10 g Fett
4 g Eiweiß

1 Schneiden Sie als Erstes die Butter in sehr kleine Stückchen.

2 Geben Sie dann beide Kekssorten in einen Gefrierbeutel und zerkleinern Sie die Kekse zunächst mit den Händen. Dann die Kekse nochmals mit einer Teigrolle zerkleinern.

3 Die zerkleinerten Kekse dann mit zu der gewürfelten Butter mischen.

4 Bereiten Sie dann eine Springform vor und legen Sie diese mit Backpapier aus. Die Form dann mit der Keks-Butter-Mischung auslegen. Die Masse mit den Händen richtig festdrücken.

5 Schälen Sie danach die Äpfel und entfernen Sie die Kerne. Danach die Äpfel fein raspeln. Pressen Sie anschließend die Zitrone aus und geben Sie den Saft über die Äpfel.

6 Geben Sie im Anschluss die geraspelten Äpfel, den Zucker, den Vanillezucker, das Puddingpulver, die Eier und 150 ml Wasser in einen Teelichtkocher, bis eine festere Masse entsteht – dabei das Rühren nicht vergessen.

7 Danach alles erkalten lassen, die Masse auf den Keksboden geben und darauf verteilen.

8 Zuletzt wird die Torte nach Belieben mit Schokolade garniert.

CREME MIT LIMETTEN

4 Port.

30 Min.

Leicht

Zutaten

300 g griechischer Joghurt
50 g Puderzucker
½ TL Vanilleextrakt
1 Bio-Limette
200 g Schlagsahne (32 % Fettgehalt)
Nach Belieben Amarettini (oder Limettenscheiben zum Garnieren)

Nährwerte p. P.

313 kcal
30 g Kohlenhydrate
205 g Fett
3 g Eiweiß

1 Geben Sie als Erstes den griechischen Joghurt in eine Schüssel. Dann den Puderzucker und das Vanilleextrakt dazugeben und alles gemeinsam mit einem Schneebesen aufschlagen.

2 Die grüne Limettenschale abreiben, dann halbieren und den Saft auspressen. Nun 1-2 EL Saft und etwas Limettenabrieb in den Joghurt geben.

3 In einer weiteren Schüssel mit einem Schneebesen die Sahne aufschlagen und dann vorsichtig unter den Joghurt heben.

4 Nun die Hälfte der Masse in vier Gläser füllen. Nach Wunsch noch eine Schicht Amarettini dazugeben und die andere Hälfte der Masse hinzugeben.

5 Garnieren Sie den Limetten-Nachtisch mit frischen Limettenscheiben.

CALZONE MIT SAHNIGER FÜLLUNG VOM GRILL

 4 Port.

 1,5 Std.

 Leicht

Zutaten

250 g Mehl
1 Päckchen Trockenhefe
½ TL Salz
4 EL Olivenöl
½ Mango
125 g Mascarpone
30 g Pinienkerne
4 Eigelb
2 EL Schlagsahne
3 EL Honig
Etwas Puderzucker

Nährwerte p. P.

603 kcal
65 g Kohlenhydrate
335 g Fett
11 g Eiweiß

1 Vermischen Sie in einer Schüssel das Mehl, die Hefe und das Salz. Dann 125 ml lauwarmes Wasser und 4 EL Olivenöl dazugeben und alles zu einem Teig vermengen. Lassen Sie den Teig an einem warmen Ort für ungefähr eine Stunde gehen.

2 Schälen Sie in der Zwischenzeit die Mango und schneiden Sie sie in kleine Stücke. Dann mit der Mascarpone vermischen. Hacken Sie im Anschluss die Pinienkerne fein und rühren Sie sie mit in die Mascarpone.

3 Teilen Sie den Teig nach dem Gehen in drei Portionen auf und rollen Sie jede Portion zu einem Fladen aus. Die Mascarpone-Mischung je in die Mitte geben und den Teig zusammenklappen.

4 Jetzt 4 Eigelb und die Sahne in einer kleinen Schüssel mischen. Die Teiglinge damit bestreichen und dann mit einem Deckel für ca. 25 Minuten auf dem Grill garen.

5 Zum Schluss noch mit Honig und Puderzucker garnieren und servieren.

SÜßE SPIEßE VOM GRILL MIT MARSHMALLOWS

16 Port.

30 Min.

Leicht

Zutaten

½ Wassermelone
1 Galiamelone
1 Cantaloupemelone
2 EL Öl
1 Zweig frische Minze
2 EL Holunderblütensirup
1 EL Wasser
Mark einer Vanilleschote
24 Erdbeeren
24 Marshmallows
100 g Schokosauce nach Belieben
Holzspieße

Nährwerte p. P.

144 kcal
32 g Kohlenhydrate
2 g Fett
2 g Eiweiß

1 Schneiden Sie zunächst die Wassermelone in etwa 2 cm dicke Scheiben. Halbieren Sie dann die anderen Melonen und entfernen Sie die Kerne. Dann mit einem Ausstecher kleine Formen aus den Melonen ausschneiden. Die Melonen dann abwechselnd auf Spieße stecken.

2 Bestreichen Sie die Melonen dann mit etwas Öl und legen Sie die Spieße kurz auf den Grill.

3 Nun die Minze fein hacken und gemeinsam mit dem Holunderblütensirup, 1 EL Wasser und dem Vanillemark mischen. Träufeln Sie das Ganze nach dem Grillen über die Fruchtspieße.

4 Zunächst die Erdbeeren säubern und abwechselnd mit den Marshmallows auf andere Spieße stecken. Die Spieße je für etwa 5 Minuten grillen und dann mit der Schokosauce garnieren.

SÜẞE WRAPS MIT ERDBEEREN, BANANEN UND ERDNUSSCREME

2 Port. 15 Min. Leicht

Zutaten

160 g Erdbeeren
1 Banane
2 EL gehackte Mandeln (ca. 20 g)
4 Wraps
2 EL Erdnussmus
1 EL Kokosflocken
2 EL Joghurt (1,5 % Fett)

Nährwerte p. P.

448 kcal
47 g Kohlenhydrate
21 g Fett
16 g Eiweiß

1 Putzen und waschen Sie zuerst die Erdbeeren. Die Erdbeeren danach in feine Scheiben schneiden. Schälen Sie im Anschluss die Banane und schneiden Sie auch diese in dünne Scheiben.

2 Bestreichen Sie zunächst die Wraps mit Erdnussmus. Dann Kokosflocken auf das Mus streuen. Geben Sie dann noch den Joghurt dazu und streuen Sie die Mandeln darauf.

3 Zunächst verteilen Sie dann noch die Erdbeeren und die Bananen. Alles kurz zusammenrollen und servieren. Nach Belieben noch mit Kokosraspeln garnieren.